AF306025

CODIFICATION

DE DIVERSES

DISPOSITIONS EN VIGUEUR

CONCERNANT

les Commissions administratives

DES HOSPICES & DES BUREAUX DE BIENFAISANCE

par **DUPIRE**

SECRÉTAIRE DES HOSPICES DE LILLE

LILLE

IMPRIMERIE DE LEFEBVRE-DUCROCQ

rue Esquermoise, 57

1874

TABLE ALPHABÉTIQUE DE L'OPUSCULE

NOTA. — **Les numéros renvoient aux articles et non aux pages.**

A

ABONNEMENT pour l'entretien des administrés, 79.

ACHATS à l'économie sans autorisation, 181.

ACTIONS judiciaires, 88, 152, 155 à 158.

ACQUISITIONS, 88, 95, 97.

ACTIONS judiciaires à propos de legs, — partie intervenante, 158.

ADJUDICATIONS, 88, 159, 161, 172, 176, 185.

ADJUDICATION de rigueur, 185.

— d'immeubles, 161 2°.

ADMINISTRATEUR non adjudicataire, 179.

ADMISSIONS, 51, 55.

— des enfants malades, 51 2°.

AFFECTATION du legs, 128.

— spéciale des revenus, 81 à 83.

AFFICHE des adjudications, 173.

AFFRANCHISSEMENT de solidarité de débi-rentiers, 141.

ALIÉNATIONS, 88, 96, 97.

APPELS de jugements, 157.

APPROVISIONNEMENTS amiables, 75.

ARCHITECTE, — honoraires, 99.

AUMONIERS, 33.

AUTOPSIES et remise des corps, 56.

AUTORISATION, — sa rétroactivité, 110, 133, 135.

B

BAUX, — résiliation; modération de fermages, 160.

BIENS et capitaux des mineurs, 66 à 73.

BLESSÉS et malades indigents des hôpitaux, 51 1°.

— et malades pensionnaires, 51 4°.

BUDGETS et imprévu, 88.

BUREAU de bienfaisance converti en hospice, 83.

C

CADUCITÉ de legs, 121.

CANDIDATS : administrateurs, 13.

— aumôniers, 33.

— personnel médical, 34.

CANDIDATS, 13, 18 à 21.

IV

CANDIDATS, — correspondance, 17.
    — direction et surveillance, 49.
    — gestion occulte, 44, 45.
    — incompatibilité, 17.
    — inéligibilité, 16.
    — ordonnateur, 39.
    — poursuites, 46.
    — réintégration, 20.
    — remplacement, 15, 16.
    — révocation, 18.
    — signature, 48.
    — sortants, 22.
    — sortie d'exercice, 15.
    — surveillance de la comptabilité, 40.
    — tirage au sort, 22.
CAPITAL non exigible d'une rente léguée, 144.
CAPITALISATION de dixièmes de revenus, 130.
CAUTIONNEMENTS des adjudicataires, 165, 167 à 170.
CAUTIONNEMENTS en immeubles, 168.
    — en rentes, 170.
CESSION de valeurs garantissant une rente, 145.
CHAPELLES des établissements, — autorisation, 50.
CHIRURGIENS et médecins, 34, 35.
CIMETIÈRES, — concession; répartition, 87.
CIRCONSTANCES qui motivent le marché, 186.
CLAUSES contraires aux lois et à l'ordre public, 116, 117.
CLINIQUES, — salles réservées, 51 6º, B.52
COMMISSION, — composition, 1.
    — de l'adjudication, 161.
    — dissolution, 18.
    — présidence, 5, 8.
    — révocation, 18.
COMPTABILITÉ, — sa forme, 41.

CONCESSION dans les cimetières, — répartition, 87.
CONCESSIONS d'extraction de terre, 97(1).
CONGRÉGATIONS religieuses, 29 à 32.
CONSEIL de famille des enfants, 59.
CONTESTATIONS, — juridiction, 155.
CONTRE-ADJUDICATION, 176.
CORRESPONDANCE, 47.
CRÉATIONS d'établissements de bienfaisance, 84.
CURATEUR des mineurs émancipés, 68.

D

DÉCÉDÉS, — objets délaissés, 57.
DÉCLARATION remplaçant l'acte de délivrance, 132.
DÉCORATION pour services gratuits, 9.
DÉFENSE aux oppositions, 43.
DÉLAI pour l'approbation ou l'exécution des délibérations, 90 à 93.
DÉLÉGUÉS des cultes, 2.
DÉLIBÉRATIONS, — admissions, 55.
    — délai d'approbation ou d'exécution, 90, 93.
    — principales affaires, 88.
DÉLIVRANCE de legs, — justification d'adhésion, 131, 132.
    — judiciaire conditionnelle de legs, 133.
DÉNÉGATION, — démission d'un fidéi-commissaire, 143.
DÉPENSES des enfants assistés, 58.
DÉPENSES municipales, 51 5º, 81.
DÉPÔTS de garantie des adjudicataires, 166.
DIRECTION et surveillance des services, 49.
DISSOLUTION de la commission, 18.
DISTRIBUTION aux pauvres par un acquéreur, 106.
DOMICILE obligatoire des administrateurs, 11.

Donateurs inconnus, 105.

Donation entre vifs, — actes qu'elle motive, 103, 111.

Donation, — validation sans acte, 112.

Dons manuels, — conditions; nature et affectation, 101.

Droits de donation,—affranchissement, 102.

Droits de mutation, 102, 127.

Durée des fonctions des administrateurs, 12.

E

Échanges, 88, 95, 97.

Emancipation de mineurs, 63 à 65.

Emploi du rabais, 99.

Enfants assistés,— dépenses, 58.

— malades,—âge d'admission,51 2°

Entretien des administrés, — abonnement, 79.

Établissements de bienfaisance,— création, 84.

Exercice du culte, — autorisation préalable, 50.

Existence légale nécessaire pour recueillir, 119, 120.

Exploitation des propriétés, — délai pour l'approbation, 92.

Extractions de terre, 96 (1).

F

Femmes enceintes, — époque d'admission, 51 6°.

Fidéi-commis, — contestation, action sans autorisation, 143.

Fonds inapplicables aux dépenses municipales, 81.

Forme de la comptabilité, 41.

Fournisseurs, — exclusion des communautés et des médecins en fonctions, 76, 77.

G

Garanties par les adjudicataires, 164 à 170.

Gestion du receveur, 29.

Gestion occulte des administrateurs, 41, 45.

H

Héritiers de mineurs, 72, 73.

Honoraires de l'architecte, 99.

Hopitaux et hospices, — population, 51, 53.

Hospice converti en bureau de bienfaisance, 83.

— projeté, — legs accepté par la commune, 121.

I

Immatriculation de rentes provenant de legs, 150.

Imprévu des budgets et des devis, 98, 99.

— prélèvements, 182.

Incompatibilités, 17, 23.

Inéligibilité d'administrateurs, 16.

Inexécution d'une fondation, — conséquences, 123.

Insertion de l'affiche d'adjudication, 171.

Insolvabilité d'un cessionnaire, — recours contre les héritiers vendeurs, 143.

Insuffisance de ressources, — réductibilité de charges, 85.

Intérets des cautionnements, 168.

— d'un legs,—point de départ,136

J

Journées de malades,—recouvrement,51

Juridictions, 155.

Justifications pour retrait de cautionnements, 171.

L

Légataire substitué à un autre, — éviction du preneur, 118.
Legs à commune ou établissement, — commune acceptante. Legs réduit, — droits de l'établissement, 147.
Legs à distribuer par un tiers, 141.
— aux pauvres de deux communes, 137.
— — désignés par l'autorité ecclésiastique, 140.
— — sans désignation de localité, 138.
— — exclusion du bureau de bienfaisance,149,151
— aux sœurs pour malades pauvres, 139.
— À un tiers, à charge d'indemnité, d'un immeuble, acquis par prescription, — époque de recouvrement, 148.
— d'une rente sur revenus, 141.
— instance en nullité, — autorisation inutile, 151.
— point de départ des intérêts, 136.
Legs ou libéralité, — caducité, 124.
— affectation, 128.
— réduction, 129.
— réduit de ce qui a été ultérieurement transféré à un tiers, 146.
Libéralités, — actes conservatoires, 152 à 154.
— contrôle du bureau de bienfaisance, 106, 138, 139, 140, 141.
— distinction, 100.
— obligations des notaires, 113.
— par intermédiaire, 142.

M

Maire président, mais non administrateur, 4, 5.
Majorité pour délibérer.
Malades militaires, 51 3o.
— et blessés pensionnaires, 51 4o.
— blessés indigents des hôpitaux, 51 1o.
Marchés de gré à gré, 180.
— obligatoires et non obligatoires, 183, 184.
Maternité, — question de clinique, 51 6o B.
Médecins et chirurgiens, 34, 35.
Médicaments, — achat et vente, 77, 78.
Mineurs,—biens; placements; émancipations, 63 à 71.
Ministre, — cas où il nomme, 21.
Modération de fermages, 160.

N

Nature facultative des cautionnements, 167.
Nombre des administrateurs, 1, 3.
Nomination du personnel médical, 35.
— du receveur, 23.
Nominations et révocations des sages-femmes 34 (A).
— — du personnel, 36, 37.
Notaire administrateur, 161.
— chargé des adjudications, 161 o
Nue-propriété, — legs, 115.

O

Objets délaissés par les défunts, 57.
Ordonnateur-général, 39.

VII

P

PARTAGES, 88, 95, 97.

PAUVRES, — répartition des quêtes et des droits, 86.

PHARMACIENS, 34.

PIÈCES pour instruction des acquisi-
     — tions, 97.
     — aliénations, 97.
     — donations, 107.
     — échanges, 97.
     — legs, 114.
     — partages, 97.
     — transactions, 97.
     — travaux, 99.

PLACEMENT de fonds, 130.

POPULATION des hôpitaux et des Hospices, 51, 53.

POURSUITES des administrateurs, 46.

PRÉSIDENCE de la commission, 5, 8.

PRIX maxima ou minima des adjudications, 17 .

PROCÈS-VERBAL d'adjudication, 177.

PROSTITUÉES syphilitiques, — charge
communale, 51 56.

PUBLICITÉ des adjudications, 172 à 174.

Q

QUÊTES pour les pauvres, — droits, répartition, 86.

R

RABAIS, — son emploi, 99.

RECETTES exceptionnelles, 99.

RECEVEUR, 23 à 28, 40.

RECEVEUR-SECRÉTAIRE, 24, 25.

RECEVEUR non adjudicataire, 179.

RECOUVREMENT de frais de journées, 51.

RÉDUCTIBILITÉ de charges, 85.

RÉDUCTION de concurrents aux adjudications, 162.

RÉDUCTION du legs, 129.

RÉÉLIGIBILITÉ des administrateurs, 14.

RÉGLEMENTS et traités, 93.

RÉINTÉGRATION des révoqués, 20.

RELIGIEUSES reposantes ou retraitées,
32.

REMISE de cadavres et autopsies, 56.

REMISE de cautionnements, 171.

RENOUVELLEMENT d'administrateurs, 12,
15, 19 à 21.

RÉSERVE d'usufruit, 108, 125.

RÉSILIATION de baux, 160.

RESSOURCES pour secours à domicile, 80.

RÉTROACTIVITÉ des autorisations en
matière de libéralité, 110, 133, 135.

RÉVOCATION de don admise, 122.
     — non admise, 102,
     104, 110.

RÉVOCATION de la commission, 18.

RÉVOCATIONS et nominations du personnel, 38, 37.

RÉVOCATION du receveur, 26.

RÉVOCATIONS et nominations des sages-
femmes, 34 (A).

REVENUS, —affectation spéciale, 81 à 83.

REVENUS de mineurs, — dispositions, 70.

S

SAGES-FEMMES, — nominations et révocations, 34 (A).

SECOURS à domicile, — ressources, 80.

SERVICES gratuits pour décoration, 9.

SIGNATURE, 48.

SORTIE d'exercice des administrateurs,
15.

SOUMISSIONS pour adjudications, 175.

SURVEILLANCE de la gestion du receveur, 40.

VIII

Surveillance et direction des services, 49.
Suspension du receveur, 27.

T

Taux des cautionnements, 168.
Tirage au sort des sortants, 22.
Traités et réglements, 93.
Transactions, 88, 95, 97, 126.
Transfert de tutelle, 61.
Travaux, 89, 98, 99.
Travaux à l'économie sans autorisation, 181.
Travaux des administrés,— répartition du produit, 74.

Travaux non autorisés, — responsabilité, 164.
Tutelle municipale, — admise, 91, 94.
        —   non admise. 89, 92, 93.
Tutelle préfectorale,— admise, 91.
        —   non admise, 89.
Tutelle,— transfert, durée, 61, 62.
Tuteurs et Subrogés-tuteurs, 59,60,67.

V

Vente de médicaments, 78.
Vice-Président de la commission, — renouvellement, 8.
Voix prépondérante, 7.

RELEVÉ

DES

AFFAIRES PÉRIODIQUES

à faire instruire ou suivre à LILLE

PAR MM. LES ADMINISTRATEURS

Janvier

Situation des malades et blessés.

1° Le premier du mois, rapport des médecins et chirurgiens sur l'état précis des malades et blessés ayant à l'hôpital plus de trois mois de séjour (art. 117 du règlement).

État des magasins. — Compte d'avance.

2° Justification par les économes, dans la première huitaine, de l'état de leurs magasins et de leurs comptes d'avance (art. 97 et 98 du règlement).

Visite des incurables administrés.

3° Rapport, après visite, par les médecins et chirurgien de l'Hospice-Général, sur l'état des infirmités des incurables (art. 131 du règlement).

Frais de pharmacie pour le bureau de bienfaisance.

4° Décompte du pharmacien, par dispensaire, des frais de pharmacie dus par le bureau de bienfaisance pour le trimestre précédent (art. 127 du règlement).

Frais de boulangerie pour le bureau de bienfaisance.

5° Décompte à présenter par l'économe de l'Hospice-Général des dépenses de boulangerie à rembourser par le bureau de bienfaisance pour les livraisons faites pendant le trimestre précédent (art. 135 du règlement).

Malades et blessés, vieillards et incurables. — Recouvrement de frais de journées.

6° Décomptes par les économes des hôpitaux des frais afférents au trimestre précédent à rembourser par la ville de Lille pour le traitement des filles publiques syphilitiques, ainsi que des frais d'entretien des malades, blessés et aliénés en observation à la charge des communes de la circonscription ou du département.

Décompte par l'économe de l'Hospice-Général des frais d'entretien, pendant la susdite période, des vieillards et incurables à la charge des communes de la circonscription dudit hospice.

Hospice dépositaire.

7° Etat de paiement des sommes dues aux nourriciers pour le trimestre précédent.

Paiements ou remboursements occasionnés par les enfants

8° Décompte des frais dus par le bureau de bienfaisance de Lille et occasionnés, pendant le trimestre précédent, par les enfants reçus à sa charge à l'hospice général (art. 38 du règlement).

9° Décomptes des frais à rembourser par le département et occasionnés par les enfants à sa charge pendant le semestre précédent (arr. préf. 21 mars 1870, art. 124).

Hospice Comtesse et Ganthois. — Listes d'aspirants.

10° Classement, par établissement, de douze des postulants pour profiter, chacun à son tour de liste, des lits vacants aux Vieux-Hommes ou à l'hospice Ganthois (art. 44 du règlement).

Février.

Service sanitaire.

Rapports pour le compte moral.

1° Rappel des n°ˢ 1, 2, 3 du mois de janvier.

2° Production, le premier du mois, par les médecins de chaque établissement, d'un rapport sur les résultats du service sanitaire qu'ils ont dirigé l'année précédente (art. 118 du règlement).

Mars.

Approvisionnement provisoire de pommes de terre.

1° Rappel des n°ˢ 1, 2 et 3 du mois de janvier.

2° Marché provisoire pour l'approvisionnement de pommes de terre jusqu'au 1ᵉʳ octobre.

Avril.

1° Rappel des n°s 1 à 9 du mois de janvier.

Compte du receveur. 2° Vérification du compte du receveur pour l'exercice expiré.

Compte administratif. 3° Formation du compte administratif.

Comptes moraux. 4° Production par les économes de leurs comptes moraux spéciaux pour la formation du compte moral général applicable à l'exercice expiré.

Chapitres additionnels. 5° Propositions des économes pour la formation des chapitres additionnels au budget de l'année en cours.

Budget primitif de l'exercice à venir. 6° Présentation par les mêmes des états de consommations présumées pour la formation de leur budget primitif de l'année suivante (ord. 31 oct. 1821; instr. min. du 8 fév. 1823; instr. gén. du 20 juin 1859, art. 838 et 1048; circ. de M. le préfet du Nord du 5 avril 1872).

Service pour les bienfaiteurs des pauvres. 7° Messe à l'hospice Comtesse, aux frais du bureau de bienfaisance, en mémoire des bienfaiteurs des pauvres (art. 142 du règ.).

Mai.

Combustible. 1° Rappel des n°s 1, 2 et 3 du mois de janvier.
— Marché pour l'approvisionnement de l'année.

Juin.

Tissus et lainages. 1° Rappel des n°s 1, 2 et 3 du mois de janvier.
— Adjudication des tissus et lainages nécessaires aux établissements (délib. du 5 juillet 1871).

Inventaires. 2° Inventaire et récolement par les économes des objets mobiliers des établissements.

Juillet.

1° Rappel des nᵒˢ 1 à 10 du mois de janvier.

Mercerie et objets divers.
2° Deuxième adjudication de l'année pour la mercerie et objets divers nécessaires aux établissements (délib. du 5 juillet 1871).

Août.

1° Rappel des nᵒˢ 1, 2 et 3 du mois de janvier.

Internat, concours.
2° Concours pour pourvoir aux vacances, dans les établissements, des places d'élèves en médecine et en chirurgie internes (délib. du 30 nov. 1867, appr. le 12 déc. même année).

Septembre.

Rappel des nᵒˢ 1, 2 et 3 de janvier.

Octobre.

1° Rappel des nᵒˢ 1 à 9 de janvier.

Légumineux.
2° Troisième et dernière adjudication de l'année pour la livraison des légumineux (délib. du 5 juillet 1871).

Vins.
3ᵉ Le 1ᵉʳ, appel de soumissionnaires pour la livraison des vins nécessaires aux établissements.

Messe de M. Delespaul
4° Célébration, dans la première quinzaine du mois, d'une messe à l'Hospice-Général, en mémoire de M. Delespaul, bienfaiteur de cet établissement (art. 142 du règlement).

Novembre.

Rappel des nᵒˢ 1, 2 et 3 du mois de janvier.

Décembre.

1° Rappel des nᵒˢ 1, 2 et 3 du mois de janvier.

Service pour les bienfaiteurs des hospices.
2° Célébration, dans la première quinzaine du mois, à l'hôpital Saint-Sauveur, d'un obit solennel en mémoire des fondateurs et bienfaiteurs des hospices de Lille (art. 141 du règlement).

CODIFICATION

DE DIVERSES

DISPOSITIONS EN VIGUEUR

CONCERNANT

les Commissions administratives

DES HOSPICES & DES BUREAUX DE BIENFAISANCE

Composition de la commission.

1. — Les commissions administratives des hospices et hôpitaux et celles des bureaux de bienfaisance sont composées de cinq membres renouvelables, du maire et du plus ancien curé de la commune.

Délégués des cultes.

2. — Dans les communes où siége un conseil presbytéral ou un consistoire israélite, les commissions comprennent, en outre, un délégué de chacun de ces conseils.

Toutefois, dans les communes où il existe, soit pour les protestants, soit pour les israélites, des hospices ou hôpitaux spéciaux ayant une administration séparée, le conseil presbytéral ou le consistoire n'ont à désigner aucun délégué pour faire partie de la commission administrative des autres établissements hospitaliers. (Loi du 21 mai 1873, art. 1er.)

Augmentation possible du nombre des membres.

3. — Le nombre des membres des commissions administratives peut, en raison de l'importance des établissements et des circonstances locales, être augmenté par un décret spécial rendu sur l'avis du conseil d'Etat. (Id., art. 2.)

Le maire non compris dans le nombre.

4. — Le maire n'est pas compté dans le nombre des membres. (Circ. min. int. des 3 floréal an IX et 6 fév. 1818.)

Présidence.

5. — La présidence appartient au maire ou à l'adjoint ou au conseiller municipal remplissant dans leur plénitude les fonctions de maire. (Loi du 21 mai 1873, art. 3, § 1er.)

Majorité nécessaire pour les délibérations

6. — Les commissions délibèrent à la majorité des membres qui la composent. (Circ. min. int. du 8 fév. 1823, tit. II, ch. 1er.)

Voix prépondérante.

7 — Le président de la séance a voix prépondérante en cas de partage. (Loi du 21 mai 1873, art. 3, § 1er, circ. min. intér. du 25 juin 1873.)

Vice-président annuel

8. — Les commissions nomment, tous les ans, un vice-président. En cas d'absence du maire et du vice-président, la présidence appartient au plus ancien des membres présents, et, à défaut d'ancienneté, au plus âgé.

Services gratuits comptant pour la décoration.

9. — Les fonctions des membres des commissions sont gratuites (loi du 21 mai 1873, art. 3, §§ 2 et 3); mais les services administratifs entrent en ligne de compte pour l'admission des titulaires dans l'ordre de la Légion-d'Honneur. (Ord. du 31 oct. 1821, art. 7.)

Administrateurs ne sont pas fonctionnaires publics.

10. — Toutefois, les administrateurs ne sont pas des fonctionnaires publics dans le sens de l'article 6 de la loi du 25 mars 1822, et les outrages qui leur seraient adressés ne sont pas passibles des peines édictées par cet article. (Cass. 23 mai 1862.)

Domicile obligatoire des administrateurs.

11. — Les membres des commissions doivent avoir leur domicile réel dans la localité où ils siégent (Déc. du 7 germ. an XIII, art. 4, ordonn. du 31 oct. 1821, art. 5.)

Durée des fonctions. — Renouvellement.

12. — Ils sont nommés pour cinq ans. Chaque année, la commission se renouvelle par cinquième.

Si la commission est composée d'un nombre de membres non divisible par cinq, le sort désignera également les années dans lesquelles il y aura un renouvellement plus considérable.

Liste de trois candidats pour chaque membre à nommer.

13. — Le nouveau membre est nommé par le préfet sur une liste de trois candidats présentés par la commission.

Il en sera de même en cas de décès ou de démission.

Rééligibilité.

14. — Les membres sortants sont rééligibles.

Sortie d'exercice ou cas de remplacement.

15. — Si le remplacement a lieu dans le cours d'une année, les fonctions du nouveau membre expirent à l'époque où auraient cessé celles du membre qu'il a remplacé.

Cas légaux d'inéligibilité ou de remplacement d'office.

16. — Ne sont pas éligibles ou sont révoqués de plein droit les membres qui se trouveraient dans l'un des cas d'incapacité prévus par les lois électorales (loi du 21 mai 1873, art. 4) ou qui n'auraient pas une honorabilité absolue. (Circ. min. int. du 25 juin 1873.)

Incompatibilités.

17. — Ne peuvent être administrateurs :

1o Les adjoints au maire ;	Décret du 24 vendémiaire an III, art. 1er, décision du ministre de l'Intérieur du 13 novembre 1835.
2o Les conseillers de préfecture ; 8e Autant que possible les conseillers municipaux ;	Décret précité et circulaire du ministre de l'Intérieur du 13 février 1818.
4o Plusieurs parents à un degré trop rapproché ;	Circulaire précitée.
5o Les receveurs ; 6o Les parents ou alliés des receveurs jusqu'au degré de cousin germain inclusivement.	Circulaire du ministre de l'Intérieur du 8 février 1823, chapitre II, section I.
7o Le médecin d'un établissement ;	Décisions du ministre de l'Intérieur des 2 août 1857 et 2 août 1859.
8o Le père ou le fils de ce médecin.	Décisions du ministre de l'Intérieur des 6 août 1852, 6-21 avril 1853 et 2 août 1857.

Dissolution et révocation.

18. — Les commissions pourront être dissoutes et leurs membres révoqués par le ministre de l'intérieur.

Époque de remplacement ou cas de dissolution.

19. — En cas de dissolution, la commission sera remplacée ou complétée dans le délai d'un mois.

Réintégration des révoqués. — Délai.

20. — Les membres révoqués ne pourront être représentés dans l'année qui suivra leur révocation.

<table>
<tr><td>Renouvellement total.—Intervention du ministre.</td><td>

21. — En cas de renouvellement total ou de création nouvelle, la commission sera nommée par le ministre de l'intérieur, sur la proposition du préfet.

</td></tr>
<tr><td>Tirage au sort des sorties.</td><td>

22. — Le renouvellement total par cinquième de cette commission sera déterminé par le sort à la première séance d'installation. (Loi du 21 mai 1873, art. 5.)

</td></tr>
<tr><td>Receveur — Nomination.</td><td>

23. — Les receveurs des établissements charitables sont nommés par les préfets, sur la présentation des commissions administratives. (Loi du 21 mai 1873, art. 6, 1er §.)

Incompatibilités. (Voir art. 1273 de l'instruction générale du 20 juin 1859.)

En cas de refus motivé par le préfet, les commissions sont tenues de présenter d'autres candidats.

</td></tr>
<tr><td>Receveur-secrétaire.</td><td>

24. — Le receveur peut, sur la proposition de la commission administrative et avec l'autorisation du préfet, cumuler ses fonctions avec celle de secrétaire de la commission. (Même loi, art. 6.)

</td></tr>
<tr><td>Exception.</td><td>

25. — La cumulation des deux fonctions n'est guère applicable qu'aux établissements dont les ressources sont restreintes et qui, placés dans des localités peu importantes, éprouvent une difficulté à trouver, sans sortir des conditions d'économie qui leur sont imposées, des agents intelligents et sûrs. (Circul. min. intér. du 25 juin 1873.)

</td></tr>
<tr><td>Révocation du receveur.</td><td>

26. — Les receveurs ne peuvent être révoqués que par le ministre de l'intérieur. (Loi du 21 mai 1873, art. 6, dernier §.)

</td></tr>
<tr><td>Suspension du receveur.</td><td>

27. — Ils peuvent être suspendus par les préfets. (Ord. du 31 oct. 1821, art. 30.)

</td></tr>
<tr><td>Double gestion du receveur.</td><td>

28. — Un receveur spécial a la double gestion financière des hospices et des bureaux de bienfaisance, lorsque la réunion des revenus des deux administrations excède 30,000 fr.; en dessous de ce chiffre, le receveur municipal doit cumuler, avec la sienne, la gestion desdites administrations. (Ord. du 31 mai 1838, art. 509 et 510; loi du 7 août 1851, art. 14; art. 1220 de l'instr. génér. du 20 juin 1859.)

</td></tr>
</table>

29. — **La** commission peut choisir, mais seulement dans les congrégations autorisées par le Gouvernement, sans se préoccuper si elles ont ou non une maison-mère, tel ordre religieux qu'il lui plaît pour le service des établissements hospitaliers ou pour le service des pauvres ; mais à charge de passer des traités spéciaux qui ne sont exécutoires qu'après leur approbation par le préfet du département. (Décret du 18 fév. 1809 et cir. min. intér. des 8 fév. 1823, 25 sept. 1838 et 26 sept. 1839 ; décis. du même ministère des 12 janvier 1854 et 24 déc. 1860; décret du 13 avril 1861, tableau A, 67°.)

30. — Elle peut aussi retirer le service hospitalier et charitable à la communauté par elle choisie. (Conseil d'Etat, 23 avril 1845.)

31. — Les religieuses attachées aux services des administrations hospitalières et charitables sont placées, quant au temporel, sous l'autorité de la commission administrative. (Art. 16 du décret du 18 fév. 1809; circ. min. intér. du 31 janv. 1860.)

32. — Les infirmes qui ont le temps de service voulu dans ces établissements peuvent être conservées dans ceux-ci comme reposantes, avec tous les avantages assurés aux sœurs actives, moins le traitement, ou recevoir, à leur choix, chez elles, une pension de retraite. (Art. 16 du décret du 18 fév. 1809 et art. 19 de l'ordonn. du 31 oct. 1821.)

33. — La commission soumet une liste de trois candidats :

1° A l'évêque diocésain, pour y choisir et nommer chaque aumônier ou chapelain des hospices et hôpitaux. Le changement des aumôniers est laissé à l'appréciation de l'évêque. Leurs traitements sont réglés par les préfets.

34. — 2° Au préfet du département, pour y choisir et nommer chaque médecin et chaque chirurgien du bureau de bienfaisance, et le pharmacien de chaque administration (A). (Décret du 11 fructidor an XI, ord. du 31 oct. 1821, art. 18.)

(A) Il semblait que la sanction du préfet était nécessaire pour valider la nomination et la révocation des sages-femmes rémunérées par les bureaux de bienfaisance; mais consulté par M. le

Nomination directe par la commission du personnel médical des hospices.

Grade du personnel médical.

Nomination du personnel des hospices et du bureau de bienfaisance.

Révocation du personnel.

35. — Les médecins, chirurgiens et pharmaciens des hospices sont à la nomination directe des commissions de ces établissements. (Loi du 7 août 1851, art. 14 (A).)

36. — Les médecins et chirurgiens doivent être docteurs, à moins qu'il n'y ait pas de candidats de ce grade au siége des deux administrations. (Loi du 19 ventôse an XI; circ. min. intér. du 8 fév. 1823.)

37. — Chaque commission nomme directement tous ses employés et autres auxiliaires non dénommés ci-dessus (B). (Loi du 16 messidor an VII, art. 7; ord. du 31 oct. 1821, art. 18; loi du 7 août 1851, art. 14.)

38. — Les médecins et chirurgiens du bureau de bienfaisance et le pharmacien dudit bureau et des hospices sont révocables par le préfet, sur la proposition de la commission (C). (Ord. du 31 oct.

---

préfet du Nord sur la question, M. le ministre de l'intérieur s'est prononcé négativement à cet égard. Les sages-femmes rentrent dans la catégorie des employés que les commissions administratives peuvent directement nommer et révoquer. (Décision de fait du 23 août 1872.)

(A) Depuis 1871, les titulaires défunts ou non réélus des établissements de Lille sont remplacés par d'autres nommés au concours. (Règlement du 12 août 1871, approuvé le 21.)

(B) Le receveur et les aumôniers font exception. (Voir nos 23 et 33, 1°; — (voir n° 161, la note pour les notaires et autres agents judiciaires.)

(C) Le mode différent admis pour le recrutement et les révocations du personnel des hospices et du bureau de bienfaisance provient de ce que le législateur de 1851 ne s'est préoccupé que des hospices, sans se reporter à la loi de l'an VII et à l'ordonnance de 1821.

Cet examen rétrospectif que rendaient désirable des intérêts similaires a aussi échappé au Gouvernement lorsqu'ont dû être rendus les décrets de 1852 et 1861, qui ont modifié les deux documents ci-dessus.

1821, art. 18; décrets des 25 mars 1852, tableau **A**, 55°; du 13 août 1861, tab. **A**, 67°.)

La commission révoque elle-même, savoir :

Sous réserve de l'approbation du préfet, le secrétaire, les économes, les médecins et chirurgiens des hospices (loi du 7 août 1851, art. 14) ;

Directement, le secrétaire du bureau de bienfaisance (A) et les autres employés et auxiliaires des deux administrations, non dénommés ci-dessus. (Loi du 16 messidor an VII, art. 7 ; ord. du 31 oct. 1821, art. 18.)

Ordonnateur-général. 39. — La commission choisit un de ses membres pour ordonnancer les dépenses. (Décrets des 7 floréal an XIII, art. 7; 31 mai 1862, art. 155; cir. min. int. des 8 fév. 1823 et 31 mai 1840; instr. gén. du 20 juin 1859.

Gestion du receveur. — Surveillance. 40. — Elle doit surveiller la gestion du receveur et vérifier la caisse et les écritures de ce comptable. (Arrêté du Gouv. du 19 vendém. an XII, art. 4; ordonn. du 31 oct. 1821, art. 25.)

Comptabilité conforme à celle des communes. 41. — La comptabilité des deux administrations est soumise aux mêmes règles que la comptabilité des communes. (Ord. du 22 janv. 1831, art. 2; loi du 7 août 1851, art. 12; décret du 31 mai 1862, art. 547.)

Recettes à recouvrement non prévu par la loi. 42. — Les recettes des établissements hospitaliers pour lesquelles les lois et règlements n'ont pas prescrit de mode spécial de recouvrement s'effectuent sur des états dressés par le maire sur la proposition de la commission administrative. Ces états sont exécutoires après qu'ils ont été visés par le sous-préfet.

Défense aux oppositions, sans autorisation. 43. — Les oppositions, lorsque la matière est de la compétence des tribunaux ordinaires, sont jugées comme affaires sommaires, et la commission peut y défendre sans autorisation du conseil de préfecture. (Loi du 7 août 1851, art. 13.)

(A) La protection de l'autorité supérieure qui couvre le secrétaire des hospices devrait s'étendre au secrétaire du bureau de bienfaisance, surtout dans les grands centres et alors qu'une même commission dirige les deux administrations.

Gestion occulte des administrateurs.

44. — Les administrateurs ne peuvent s'immiscer dans le maniement des deniers des établissements qu'ils dirigent sans se rendre comptables de deniers publics.

Conséquence.

45. — Leurs biens peuvent être mis en séquestre jusqu'à la reddition des comptes de cette gestion occulte. Ils sont soumis aux mêmes mesures de rigueur que les comptables réguliers. (Loi du 17 avril 1832, art. 8, Cour des comptes, 21 fév. 1843; instr. gén. du 20 juin 1859.)

Poursuite des administrateurs, subordonnéeàl'autorisation

46. — Pour tout autre fait inhérent à leurs fonctions, les administrateurs ne peuvent être poursuivis sans une autorisation du conseil d'Etat. (Cons. d'Etat. 19 brumaire an XI; décr. du 14 juillet 1812.) (A)

Correspondance.

47. — La commission correspond, pour affaire de service, avec le préfet ou le sous-préfet, sous la surveillance duquel elle se trouve immédiatement. (Circ. min. int. du 5 messidor an VIII.)

Signature.

48. — La correspondance est préparée par le secrétaire et signée par le vice-président ou par le membre de service. (Circ. min. int. du 31 janv. 1840.)

Direction et surveillance.

49. — La commission est chargée de diriger et de surveiller le service intérieur et extérieur des établissements hospitaliers. (Loi du 7 août 1851, art. 7.) (B)

(A) Le contraire a été jugé depuis, les administrateurs n'étant pas des agents du gouvernement dans le sens de l'article 75 de la constitution de l'an VIII (1851, Cass., Sirey, p. 461)

(B) En principe, les conseils municipaux n'administrent pas les établissements charitables; ils ne sont appelés qu'à donner, sur les affaires à soumettre à leur délibération, des avis qui sont de simples éléments d'instruction et qui ne lient pas l'autorité supérieure, sauf le cas prévu au n° 96. A cet égard, M. le Ministre de l'Intérieur dans sa circulaire du 25 juin 1873, sur la loi du 21 mai, même année, s'exprime ainsi :

« C'est ici le lieu, M. le Préfet, de vous signaler la tendance « *abusive* qui porte certains conseils municipaux à s'immiscer « dans l'administration charitable et à *usurper* ses fonctions, sous « le prétexte que les établissements de bienfaisance sont plus ou

Chapelles des établissements.

Autorisation préalable pour y exercer le culte.

50. — Elle ne peut faire célébrer le culte dans les chapelles qu'elle ferait ériger dans les établissements sans l'autorisation du gouvernement, laquelle peut être accordée, sans frais, sur le vû d'une délibération spéciale et des avis de l'évêque et du

---

« moins largement subventionnés par la commune. Sans doute,
« les assemblées municipales peuvent accorder ou refuser des
« subventions demandées par les hospices ou les bureaux de
« bienfaisance, puisque l'assistance ne constitue pas, et c'est un
« honneur pour notre pays, une dépense obligatoire (1). Mais il ne
« s'ensuit nullement que les conseils municipaux aient le droit de
« se substituer aux commissions charitables. La distribution des
« secours publics ne rentre pas dans les attributions de ces
« conseils ; l'article 4 de la loi du 7 frimaire an V en a formelle-
« ment investi les bureaux de bienfaisance. Vous rappellerez, au
« besoin, ce principe, et vous n'oublierez pas que les bureaux de
« bienfaisance, comme les hospices, ont, d'après notre législation,
« des revenus propres et une existence indépendante.

---

(1) Bonne comme principe, la mesure a cependant son mauvais côté. Il est des établissements qui ont été privés par l'article 1er du décret des 2-17 mars **1791** des immunités et des véritables droits d'octroi dont ils jouissaient antérieurement et qui leur étaient bien nécessaires. Quelques biens sans maîtres leur ont été attribués à cette époque ; mais les revenus de ces biens, même en tenant compte de l'accroissement que le temps leur a donné, sont loin d'avoir couvert les pertes premières et une part des charges actuelles.

L'article 1er de la loi du 17 mars 1809 a laissé espérer aux établissements dont il s'agit que les nouveaux octrois leur viendraient forcément en aide, ce qui a été vrai pour quelque temps ; mais la loi du **18** juillet **1837** n'a pas réservé le droit des établissements dans son article 30, qui relève les dépenses obligatoires des communes. Ces établissements sont aujourd'hui obligés d'attaquer leur fonds de dotation, en présence des refus de subsides par les conseils municipaux qui, systématiquement, ne veulent voir ni la situation ni les conséquences fatales qu'elle réserve pour l'avenir. Des communes font servir l'intégralité des ressources de l'octroi à couvrir des dépenses plus ou moins opportunes, sans se préoccuper des besoins des indigents pour la satisfaction desquels les octrois ont surtout été créés. Il est regrettable qu'en pareil cas, le législateur n'ait armé l'autorité supérieure d'aucun pouvoir coercitif contre les conseils municipaux qui refusent de se rendre à l'évidence des faits.

préfet du département. (Loi du 18 germ. an X — art. 44 ; déc. du 17 mess. an XII, du 22 déc. 1812 — art. 2.)

Population des hô-pitaux.

51. — Elle doit recevoir dans ses hôpitaux, savoir :

GRATUITEMENT :

Malades et blessés indigents.

1° Les indigents malades ou blessés de la situation du lieu desdits hôpitaux ou tout individu, privé de ressources, qui tombe malade dans cette localité (A). (Lois des 24 vendém. an II, titre V, art. 18, et du 7 août 1851, art. 1er.)

(A) Tout d'abord les indigents voyageurs étaient reçus à l'hôpital Saint-Sauveur jusqu'à six heures du soir en hiver et huit heures en été, lorsqu'ils étaient dans l'impossibilité de continuer leur route et en possession d'un billet de l'autorité. (Délibérations des 5 oct. — 2 nov. 1821.)

Les dépenses de cette nature s'étant accrues, l'administration en avait envoyé au maire un état pour en être remboursé (délibération du 9 août 1824). Le 30 septembre 1825, M. le Préfet, répondant à une demande de remboursement des mêmes dépenses, oppose un refus fondé sur ce que les hôpitaux ne sont autorisés à recevoir des dons que précisément pour soulager l'infortune. Il ajoute que les voyageurs indigents doivent être secourus partout où ils tombent malades, d'après le même principe d'humanité qui leur donne ce droit dans le lieu qu'ils habitent, réserve faite toutefois des impossibilités.

La loi du 7 août 1851 est venu confirmer l'argumentation de 1825. Son article 1er exige qu'on reçoive à l'hôpital, sans se préoccuper du domicile, tout individu, sans ressources, qui tombe malade dans le lieu de situation dudit hôpital ; mais cette disposition donne naissance à des abus qui pèsent lourdement sur les administrations hospitalières surtout celles des grands centres.

Les moyens de locomotion actuellement en usage rapprochent les distances et facilitent le transfèrement et l'abandon à Lille de malades qui entrent ensuite frauduleusement à l'hôpital ; et lorsque la fraude est découverte, les maires des communes du lieu de domicile de ces malades se retranchent généralement derrière l'article 4 de la susdite loi de 1851 et se refusent au paiement des

Enfants malades.— Age d'admission dans l'hôpital.

Recouvrement éventuel de journées de malades.

Malades militaires. — Règles pour l'admission.

2° Les enfants indigents malades ou blessés, dès qu'ils ne sont plus allaités. (Id. et déc. min. int. du 13 juin 1862.)

Le tout sous réserve de recours, pour le recouvrement des frais de journées contre les personnes désignées par les articles 205 et 206 du Code civil. (Loi du 7 août 1851, art. 5.)

A TITRE DE PENSIONNAIRES :

3° Les malades militaires ou marins, sur l'ordre de l'autorité compétente, à la condition de les faire sortir aussitôt après leur guérison. (Arrêtés du gouvern. des 24 therm. an VIII et 9 frim. an XII ; Circ. min. int. des 27 fruct. an XI et 31 janv. 1840.) (A)

---

journées, parce qu'on ne peut leur opposer un engagement préalablement écrit de couvrir les dépenses.

Il serait réellement nécessaire que l'article 4 précité fût modifié en ce sens que les dépenses de cette nature occasionnées à un établissement par des malades, blessés, vieillards ou incurables indigents n'ayant pas droit aux secours gratuits dans cet établissement, fussent déclarées obligatoires pour les communes du lieu du domicile de secours des individus dont il s'agit et qu'en cas de refus par elles de les acquitter, le préfet pût ouvrir d'office à leur budget le crédit nécessaire, sauf pour ces communes à exercer leur recours, le cas échéant, contre les personnes dénommées dans les articles 205 et 206 du Code civil ;

Qu'enfin, à défaut de domicile de secours, le département supportât la dépense indûment occasionnée à l'établissement hospitalier.

(A) La commission doit informer l'autorité qui a donné l'ordre d'admission ou qui a signé la feuille de route, de l'arrivée, de la sortie ou du décès d'un militaire. L'avis de l'arrivée doit être immédiat s'il s'agit d'un voyageur qui paraît devoir séjourner plus d'une semaine dans l'hôpital. (Circ. min. int. du 1er juillet 1823.)

Les états de journées, dressés et certifiés par la commission, sur timbre de 0,35 c. quelle que soit la dimension du papier, doivent être produits, *à péril de forclusion*, dans le semestre qui suit le trimestre où la dépense a eu lieu.

Les mandats sont faits au nom du receveur et adressés à ce

4° Les malades.et blessés des communes de la circonscription des hôpitaux (même loi, art. 3 et 4; circ. min. int. 8 avril 1852 et, pour le département du Nord, arrêtés préfect. des 15 mars 1853 et 6 janv. 1871.)

5° Les filles publiques syphilitiques de ladite circonscription, envoyées par mesure administrative. Dans ce cas, la dépense est une charge communale. (Déc. min. int. du 8 août 1860.)

GRATUITEMENT OU SOUS RÉSERVE DE RÉMUNÉRATION :

6° Les femmes enceintes indigentes du lieu ou de la circonscription des hôpitaux, lesquelles ont atteint le dernier terme de leur grossesse. (Circ. min. int. des 31 mai 1840 et 31 janv. 1844, lois précitées de l'an II (art. 18), et de 1851 (art. 1 à 5.) (B)

___

comptable par le trésorier général. Ils sont acquittés par le payeur, sur la production d'une quittance à souche, *non timbrée*, ainsi que des états et des mandats quittancés pour ordre et par duplicata (décret du 13 juin 1806, art. 3; ord. du 31 mai 1840; circ. min. int. 6 nov. 1824, 23 juill. 1825, 15 juill. 1826, 10 août 1850; instr. gén. du 20 juin 1859, art. 1067.)

(B) L'administration, en l'absence de textes précis, a agité la question de savoir si, là où une chaire d'accouchement existe, l'affectation de salles spéciales aux femmes en couches et formant une maternité, rendue accessible aux élèves de l'école de médecine, constituait un service hospitalier ou un service de clinique.

Dans la première hypothèse, l'administration devait rester maîtresse et régler les conditions du service comme elle l'entendrait.

Dans la seconde hypothèse, le service devait être considéré comme une dépendance nécessaire de la chaire d'accouchement de l'école, et rester en dehors de l'action de l'administration.

Après divers pourparlers, M. le Directeur de l'école de médecine de Lille s'est prononcé pour la première hypothèse, sans exciper d'aucun texte, et a émis l'avis que « le professeur d'accouchement « est nommé pour un cours théorique, et qu'il peut se refuser « absolument à faire le service de la maternité ».

La question, soumise à M. le Ministre de l'instruction publique, le 26 février 1872, est malheureusement restée sans réponse.

Salle de clinique.

52. — La commission doit réserver, pour la clinique, dans ses hôpitaux, une salle de cinquante lits au moins, s'il existe une école de médecine dans la localité où elle siége. (Ord. du 13 oct. 1840, art. 9.)

Hospices. — Conditions des admissions.

53. — Elle doit recevoir dans les hospices les vieillards, les infirmes et incurables, ainsi que les enfants, sous les réserves prévues ci-dessus pour les malades et blessés, et aux conditions d'un règlement fait par elle et approuvé. (Art. 3 et 8 de la loi du 7 août 1851.)

Admissions gratuites exceptionnelles.

54. — Elle peut, toutefois, si ses ressources le lui permettent, admettre dans les lits vacants, sans rétributions, les malades ou incurables des communes. (Même loi, art. 4, § 3.)

Autorité qui les prononce ou qui les détruit.

55. — Elle prononce l'admission des administrés dans ses établissements ou leur renvoi. (Loi du 16 messidor an VII, art. 6; circ. min. int. du 31 janv. 1840.)

Décédés. — Autopsies. — Remise des corps.

56. — L'autopsie des décédés dans les hôpitaux et hospices ne peut être faite si la famille, en réclamant le corps du défunt, a fait connaître son opposition à l'administration. (Décis. min. int. 1842.)

A Lille, l'administrateur de l'établissement autorise l'opération, le cas échéant, trente heures après le décès. (Décis. des 2 nov. 1853, 22 nov. 1873.)

La réclamation des corps des personnes décédées dans les hospices par les amis des défunts et les corporations sera consignée sur un registre tenu par les préposés de l'administration hospitalière et indiquera les noms et prénoms des décédés; les noms, prénoms et adresses des réclamants.

Les corps ne seront remis aux réclamants que s'ils se sont engagés, au moment de l'admission, à solder les frais de journées du malade. (Décis. min. int., 12 janv. 1874. — Délibᵒⁿ 21 mars 1874.)

Objets délaissés par les défunts. — Droits de l'administration.

57. — Les effets mobiliers apportés par les malades dans les hospices, et qui y ont été traités gratuitement, doivent appartenir auxdits hospices, à l'exclusion des héritiers et du domaine, en cas de déshérence [1].

---

[1] Les valeurs trouvées dans les effets d'un défunt reviennent aux héritiers, déduction faite des frais de séjour dudit défunt dans l'hôpital. (Cour de Bordeaux, 17 août 1853; décis. min. intér. 27 déc. 1864.)

A l'égard des malades ou des personnes valides, dont le traitement et l'entretien ont été acquittés de quelque manière que ce soit, les héritiers et légataires peuvent exercer leurs droits sur tous les effets apportés dans les hospices par lesdites personnes malades ou valides ; et dans le cas de déshérence, les mêmes effets doivent appartenir aux hospices au préjudice du domaine.

Il ne doit être rien innové à l'égard des militaires décédés dans les hospices. (Cons. d'Etat 3 nov. 1809, inséré au Bulletin des Lois Voir malades militaires ou marins.).

Enfants assistés. — Participation de l'administration.

58. — L'admᵒⁿ n'intervient plus dans la dépense du service des enfants assistés. Il suffit qu'elle reçoive ces enfants à bureau ouvert et qu'elle leur assure, sous réserve de remboursement, le gîte, la nourriture et l'entretien. (Décr. du 19 janv. 1811; loi du 11 mai 1869, et, pour le Nord, arrêté préf. du 7 déc. 1841 qui ordonne la suppression des tours à partir de 1842.)

Conseil de famille. Tuteurs.

59. — Loi du 15 pluviôse an XIII, sur la tutelle hospitalière : Art. 1ᵉʳ. « Les enfants admis dans les hospices, à quelque titre et sous quelque dénomination que ce soit, seront sous la tutelle des commissions administratives de ces maisons, lesquelles désigneront un de leurs membres pour exercer, le cas advenant, les fonctions de tuteur, et les autres formeront le conseil de famille. »

Subrogés-tuteurs.

Intervention.

60. — Dans toute tutelle, il y aura un subrogé-tuteur, nommé par le conseil de famille.

Ses fonctions consisteront à agir pour les intérêts du mineur, lorsqu'ils seront en opposition avec ceux du tuteur. (420 code civil.)

Le subrogé-tuteur doit être appelé à la vente 'des immeubles. (459 code civil.)

Le jour, le lieu et l'heure de l'adjudication lui seront notifiés un mois d'avance, avec avertissement qu'il y sera procédé tant en son absence qu'en sa présence. (962 code de procédure civile.)

Transfert de tutelle d'une commission à une autre commission

61. — Art. 2 de la susdite loi : « Quand l'enfant sortira de l'hospice pour être placé, comme ouvrier, serviteur ou apprenti, dans un lieu éloigné de l'hospice où il avait été placé d'abord, la

commission de cet hospice pourra, par un simple acte administratif, visé du préfet ou du sous-préfet, déférer la tutelle à la
commission administrative de l'hospice du lieu le plus voisin de
la résidence actuelle de l'enfant. »

Durée de la tutelle.

62. — Art. 3. « La tutelle des enfants admis dans les hospices durera jusqu'à leur majorité ou émancipation par mariage
ou autrement. »

Émancipation des mineurs.

63. — Art. 4. « Les commissions administratives des hospices
jouiront, relativement à l'émancipation des mineurs qui sont sous
leur tutelle, des droits attribués aux pères et mères par le code
civil. »

Intervention du tuteur devant le juge-de-paix.

64. — « L'émancipation sera faite, sur l'avis des membres de la
commission administrative, par celui d'entr'eux qui aura été
désigné tuteur, et qui seul sera tenu de comparaître à cet effet
devant le juge de paix. »

Acte sans frais.

65. — « L'acte d'émancipation sera délivré sans autres frais
que ceux d'enregistrement et de papier timbré. »

Gestion des biens ; maniement des deniers.

Intervention du receveur.

Biens des tuteurs affranchis d'hypothèques.

66. — « Art. 5. Si les enfants admis dans les hospices ont des
biens, le receveur de l'hospice remplira, à cet égard, les mêmes
fonctions que pour les biens des hospices. »

67. — « Toutefois, les biens des administrateurs tuteurs ne pourront, à l'égard des fonctions de ceux-ci, être passibles d'aucune
hypothèque. La garantie de la tutelle résidera dans le cautionnement du receveur chargé de la manutention des deniers et de la
gestion des biens. »

Le receveur est curateur des éman-cipés.

Placement des capi-taux des mineurs.

68. — « En cas d'émancipation, il remplira les fonctions de
curateur. »

69. — « Art. 6. Les capitaux qui appartiendront ou écherront
aux enfants admis dans les hospices seront placés dans les monts-
de-piété : dans les communes où il n'y aura pas de monts-de-
piété, ces capitaux seront placés à la caisse d'amortissement,
pourvu que chaque somme ne soit pas au-dessous de cent cinquante francs ; auquel cas, il en sera disposé selon que le réglera
la commission administrative. »

Revenus des biens de mineurs.

Part de l'administration.

Part des mineurs.

Biens de mineurs revenant éventuellement à l'administration.

Répétition des héritiers.

Décompte avec les héritiers.

70. — « Art. 7. Les revenus des biens et capitaux appartenant aux enfants admis dans les hospices, seront perçus, jusqu'à leur sortie (A) desdits hospices, à titre d'indemnité des frais de leur nourriture et entretien. »

Il en serait autrement cependant si les revenus des biens d'un enfant avaient excédé les dépenses par lui occasionnées. L'excédant devrait être restitué avec intérêts à cet enfant, lors de sa majorité. (Sirey, cass. 1849, p. 751.)

71. — « Art. 8. Si l'enfant décède avant sa sortie de l'hospice, son émancipation ou sa majorité, et qu'aucun héritier ne se présente, ses biens appartiendront en propriété à l'hospice ; lequel en pourra être envoyé en possession, à la diligence du receveur et sur les conclusions du ministère public. »

72. — « S'il se présente ensuite des héritiers, ils ne pourront répéter les fruits que du jour de la demande. »

73. — « Art. 9. Les héritiers qui se présenteront pour recueillir la succession d'un enfant décédé avant sa sortie de l'hospice, son émancipation ou sa majorité, seront tenus d'indemniser l'hospice des aliments fournis et dépenses faites pour l'enfant décédé, pendant le temps qu'il sera resté à la charge de l'administration, sauf à faire entrer en compensation, jusqu'à due concurrence, les revenus perçus par l'hospice (B). »

(A) L'enfant abandonné recueilli dans un hospice n'en est réputé sorti qu'à l'époque de son émancipation, de sa majorité ou de la reconnaissance par ses parents, suivie de retrait, et non par le fait de son placement en apprentissage ; en conséquence, la commission administrative a droit de percevoir, au profit de l'hospice, les revenus des biens de l'enfant jusqu'à l'une des époques signalées, et spécialement jusqu'à son émancipation, nonobstant le placement de l'enfant en apprentissage. (Cour de Bordeaux, 11 mars 1840.)

(B) Les titres ou capitaux sont remis aux héritiers contre les justifications ci-après :

Ou bien un certificat de propriété, tel que le prévoient la loi du 28 floréal an VII et le décret du 18 décembre 1806 ;

Travaux des administrés.

Part de l'administration.
Part des administrés.

Approvisionnements par la voie amiable.

Exclusion des communautés en fonctions comme fournisseuses.

Achat de médicaments.

Exclusion des communautés en fonctions.

Exclusion des médecins en fonctions.

74. — Les administrés des hospices sont soumis à des travaux en rapport avec leur âge et leurs infirmités.

Les deux tiers sont versés dans la caisse des hospices.

Le tiers restant sera remis en entier aux indigents, soit chaque décadi (de dix en dix jours), soit à la sortie, suivant les règlements qui seront faits par les commissions administratives. (Loi du 16 messidor an VII, art. 13 et 14.)

75. — La commission, d'accord avec le conseil municipal, et sous l'approbation du préfet, pourra traiter de gré à gré, ou par voie d'abonnement, de la fourniture des aliments et objets de consommation nécessaires aux établissements hospitaliers. (Loi du 7 août 1851, art. 15.)

76. — Cette fourniture ne peut toutefois être confiée aux communautés qui desservent les établissements. (Cons. d'Etat 19 août 1837; décis. min. intér. du 23 août 1858.)

77. — La commission ne peut non plus contracter d'abonnement pour la fourniture des médicaments :

Ni avec les communautés en fonctions (Décis. min. intér. des 25 sept. 1854, 12 août 1855, 25 nov. 1859.) ;

Ni avec les médecins des établissements. (Loi du 21 germin. an XI; décis. min. intér. du 14 janv. 1853 et 24 déc. 1860)

Ou bien des pièces d'hérédité d'après les règles du droit commun, délivrées :

1° Par le notaire détenteur de la minute, s'il y a eu inventaire ou partage;

2° Par le juge-de-paix du domicile du décédé, sur l'attestation de deux témoins, lorsqu'il n'existe aucun desdits actes en forme authentique.

La quittance doit être souscrite et par les enfants majeurs (les femmes assistées de leur mari, le cas échéant) et par les veuves héritières ayant des mineurs, pour agir tant en leur nom qu'au nom de ces derniers, dont elles sont les tutrices légales.

Si le retrait des pièces ou capitaux a lieu par un mandataire, celui-ci, outre les pièces ci-dessus, doit produire une procuration dûment enregistrée et légalisée.

78. — Elle ne peut vendre des médicaments au public, (circul. min. intér. du 31 janv. 1840; décis. du même ministre du 17 oct. 1859) à moins que .son pharmacien n'ait un diplôme. (Cour de Lyon 23 juin 1847; cass. 31 mai 1862.)

79. — Lorsque la commune ne possédera pas d'hospices ou d'hôpitaux, ou qu'ils seront insuffisants, le conseil municipal pourra traiter avec un établissement privé pour l'entretien des malades et des vieillards, après avoir consulté la commission des hospices et hôpitaux qui sera chargée de surveiller à l'exécution du contrat passé avec l'établissement privé.

Les traités devront être soumis à l'approbation du préfet. (Loi du 7 août 1851, art. 16).

80. — Les commissions administratives des hospices et hôpitaux pourront, de concert avec les bureaux de bienfaisance, assister à domicile les malades indigents.

A cet effet, elles sont autorisées à disposer des revenus hospitaliers jusqu'à concurrence du quart, pour les affecter au traitement des malades à domicile et à l'allocation de secours annuels en faveur des vieillards ou infirmes placés dans leurs familles.

La portion des revenus ainsi employés pourra être portée au tiers avec l'assentiment du Conseil général. (Loi du 7 août 1851, art. 17 ; loi du 21 mai 1873, art. 7).

81. — Le revenu des deux administrations ne peut aider à subvenir à des dépenses municipales. (Décis. min. int. des 1er déc. 1858 et 8 août 1860).

82. — La commission ne peut consacrer une partie des revenus du bureau de bienfaisance à entretenir des indigents dans les hospices. (Cons. d'Etat 14 août 1833).

83. — Elle ne peut, sans un acte du chef de l'Etat, convertir les hospices en bureau de bienfaisance ni le bureau de bienfaisance en hospices. (Décis. min. int. des 9 nov. 1858, 24 déc. 1860 et 22 juil. 1865 ; cass. 15 fév. 1865).

**Création d'établis-
sements de bienfai-
sance.**

**Réductibilité de
charges acceptées au
cas d'insuffisance de
ressources.**

Instruction.

84. — La création d'un hospice ou d'un bureau de bienfaisance est subordonnée à l'autorisation expresse du gouvernement. (Cons. d'Etat 17 janv. 1806 ; décret du 25 mars 1852 ; circ. min. int. des 3 nov. 1806 et 4 janv. 1825).

85. — La fondation de lits dans un hospice ne constitue ni un marché ni une convention aléatoire entre le fondateur et une administration charitable. Celle-ci n'est que l'intermédiaire pour assurer l'accomplissement d'une œuvre de bienfaisance, et elle ne peut être astreinte à combler, le cas échéant, le déficit avec ses propres ressources, qui ont une affectation spéciale

Si la fondation présente une insuffisance notable de ressources et que le fondateur, ses héritiers ou le représentant de l'un et des autres se refusent à y pourvoir ou déclarent ne pouvoir le faire, le nombre de lits peut être réduit, sinon d'une manière définitive, du moins jusqu'à l'époque où, par la capitalisation du revenu existant, l'administration hospitalière aura retrouvé une ressource rémunératrice.

Le fondateur, ses héritiers ou le représentant de l'un et des autres doivent être mis en demeure d'accepter l'une ou l'autre combinaison.

Le préfet peut régulariser la situation par un arrêté en cas d'adhésion ou, dans le cas contraire, provoquer un décret rendu dans la forme des règlements d'administration publique. (Arr. du gouvernement des 28 fruct. an X et 16 fruct. an XI. — Cons. d'Etat, arr. du 21 mars 1865).

86. — Elle peut, dans l'intérêt des pauvres :

1° Faire quêter à domicile, dans les églises et autres lieux publics, par telles personnes qu'elle aura choisies. (Arr. min. int. du 5 prair. an XI. —, art. 1er ; décret du 30 déc. 1809 — Art. 75).

2° Faire prélever le dixième du produit des spectacles et concerts *quotidiens* et le quart des recettes des autres amusements publics *non quotidiens*, à moins qu'elle ne fasse des abonnements. (Lois des 7 frim., 2 flor., 8 therm. an V ; lois annuelles des finances).

**Quêtes pour les
pauvres.**

**Droits des pauvres
sur les spectacles, etc.**

Répartition des droits des pauvres.

La répartition du produit de la perception est faite par le préfet entre les hospices et le bureau de bienfaisance, suivant l'importance et le besoin de chaque administration. (Arrêté du gouvernement du 7 fruct. an VIII, circ. du min. int. du 7 janv. 1855). (¹)

Concessions dans les cimetières. — Répartition des produits

87. — Le conseil municipal est omnipotent, sous l'approbation du préfet, pour déterminer dans quelle proportion doivent être répartis entre le bureau de bienfaisance et l'hospice du lieu, les produits des concessions dans le cimetière. (Ord. 6 déc. 1843. — Décis. min. int. 7 août 1865).

---

(1) A Lille, les hospices prennent 3/8 et le bureau de bienfaisance 5/8 de la perception, en vertu d'une délibération du conseil d'administration des secours, en date du 26 vendémiaire an XIII. L'état de répartition est soumis à l'approbation de M. le préfet à l'expiration de chaque année pour servir de titre de perception au receveur.

Les émoluments du contrôleur sont répartis entre les deux administrations proportionnellement à la part de chacune dans le produit.

88. — La Commission délibère surtout sur les affaires ci-dessous rappelées :

		LÉGISLATION EN VIGUEUR	
		Hospices	Bureau de bienfaisance
1o	Acquisitions	Loi du 7 août 1851, art. 9	Ord. 6 juillet 1846, art. 2
2o	Aliénations	Id.	Id. art. 3
3o	Assurances	Loi du 7 août 1851, art. 8 / Décret du 25 mars 1852	Décret du 25 mars 1852.
4o	Actions judiciaires. . .	Loi précitée, article 9	Ord. 31 oct. 1821, art. 8
5o	Budgets.	Id. article 9	Id. art. 12
6o	Comptes.	Id. article 9	Id. art. 12
7o	Conditions des baux et fermes des propriétés.	Id. article 8	Déc. du 2 août 1807, art.2 / Ord. 31 oct. 1821, art. 15
8o	Dons et legs.	Id. article 9	Ord. 6 juillet 1846, art 4
9o	Echanges	Id. article 9	Id. art. 2
10o	Emprunts	Id. article 9	Ord. 31 oct. 1821, art. 14
11o	Frais de traitement dans les hospices	Id. article 9	»
12o	Marchés divers. . . .	Id. art.8 et 9	Ord. 31 oct. 1821, art. 16
13o	Mode d'administrat. des biens et revenus . . .	Id. art.8 et 9	Id. art. 8 et 15
14o	Partage de biens indivis.	Id. article 9	Ord. 6 juil. 1846, art. 2.
15o	Pensions de retraites des employés	Id. article 9	Ordonnance 6 sept. 1820. / Ord. 31 oct. 1821, art. 18
16o	Placement de fonds. . .	Id. article 9	Ord. 31 oct. 1821, art. 8
17o	Règlement de serv. int.	Id. article 8	Id. art. 17
18o	Traités avec les congré-gations	Décret du 18 février 1809 / Loi du 7 août 1851, art. 8.	Décrets 18 fév. 1809. / 26 sept. 1809.
19o	Transactions.	Loi précitée, article 9	Ord. 6 juil. 1846, art. 5.
20o	Travaux.	Id. art.8 et 9	Ord.31 oct.1821, ar.8 et 15 / Ord. 6 juil. 1846, art. 14.

Cas d'affranchisse-
ment d'examen en
matière hospitalière.

89. — La commission règle seule et définitivement les objets renseignés au tableau qui précède sous les nos 3, 7, 12, 13 et 20, mais seulement quand les hospices sont en cause et qu'elle respecte les réserves ci-après :

No 7. — Les conditions des baux qui n'excèdent pas dix-huit ans, quand il s'agit de biens ruraux ;

Les conditions des baux qui n'excèdent pas neuf ans pour les autres biens.

Nos 12 et 20. — Les conditions des marchés de 3,000 francs au plus et d'une durée maximum d'un an.

Délai pour l'exécu-
tion des délibérations
spéciales.

90. — Les délibérations, prises dans ces conditions, sont exécutoires, sans l'avis du conseil municipal, si, trente jours après la notification officielle, le préfet ne les a pas annulées, soit d'office pour violation de la loi ou d'un règlement d'administration publique, soit sur la réclamation de toute partie intéressée. (Loi du 7 août 1851, art. 8, §§ 1 à 5 inclus.)

Cas de rétablisse-
ment d'examen en
matière hospitalière
et charitable.

91. — S'il est dérogé aux principes ci-dessus, les conditions relatives aux susdits nos 7, 12 et 20 sont modifiables par le préfet, sur l'avis du conseil municipal. (Loi précitée art. 9, §§ 4 et 5.)

Le contrôle est de droit si, pour les objets repris aux susdits articles 3, 7, 12, 13 et 20, le bureau de bienfaisance est seul en cause. (Décret du 12 août 1807, art. 2 ; décret du 25 mars 1852, tableau A, 44o, circ. min. int. du 5 mai 1852.)

Exploitation de pro-
priétés par l'adminis-
tration.

92. — La commission peut, avec l'autorisation du préfet, exploiter par elle-même, certaines parties de ses propriétés. (Cons. d'Etat, avis approuvé du 7 oct. 1809 ; ordonn. du 31 oct., 1821, art. 15.)

Délai de l'approba-
tion en matière hos-
pitalière.

S'il s'agit de propriétés hospitalières, la délibération non approuvée dans le délai de trente jours, est exécutoire. (Loi du 7 août 1851, art. 8, § 2.)

Réglements et trai-
tés. — Approbation
sans avis du conseil
municipal.

93. — La commission arrête encore, mais avec l'approbation du préfet, sans l'intervention du conseil municipal, les divers règlements ainsi que les traités avec les congrégations concernant le service intérieur et extérieur des établissements hospitaliers,

mais ces règlements et traités ne sont pas exécutoires, à défaut d'approbation intervenue trente jours après la notification officielle. (Loi du 7 août 1851, art. 8, § 6.)

Exception.

94. — L'intervention du conseil municipal est de règle, si les susdits documents concernent exclusivement le bureau de bienfaisance, ou s'il s'agit des affaires renseignées au tableau qui précède sous les n°⁸ 1 et 2, 4 à 6, 8 à 16, 19 et 20, sauf les réserves ci-dessus rappelées pour les n°⁸ 12 et 20. (Législation rappelée au susdit tableau.)

Acquisitions.. (1°)
Echanges..... (9°)
Partage de biens
  indivis..... (14°)
Transactions.. (19°)

95. — Les deux premières opérations ne doivent être tentées que dans des cas d'absolue nécessité ou lorsqu'elles doivent améliorer les propriétés ou la fortune des administrations qui les demandent. (Inst. min. int. du 5 mai 1852.)

Les deux dernières sont recommandées : l'une pour faire cesser l'indivision ou mettre fin à des contestations ; l'autre pour éviter les procès dispendieux et d'une issue douteuse. (Même instr.)

Aliénations... (2°)

96 — Ces opérations sont aussi recommandées à charge du remploi des produits en rente nationale pour augmenter les revenus ordinaires. (Instr. précitée de 1852.) (1)

Restriction pour les biens hospitaliers.

Mais l'aliénation des biens immeubles formant la dotation des hospices et hôpitaux ne peut avoir lieu *que sur l'avis conforme* du conseil municipal. (Loi du 7 août 1851, art. 10, § 2.) (2)

---

(1) Les concessions d'extraction de terre pour faire briques sont assimilées aux aliénations et soumises à la même instruction qu'elles. En effet, ces opérations constituent une vente partielle de la propriété.

(2) Cette disposition prise en vue de la conservation du fonds de dotation peut avoir ses inconvénients et est incomplète. Si l'on suppose qu'un établissement doive vendre des biens pour augmenter ses ressources devenues insuffisantes et qu'il se trouve en désaccord avec un conseil municipal et que celui-ci s'oppose à la réalisation du projet par un avis défavorable, ni le préfet, ni le ministre, ni un décret du pouvoir exécutif ne peuvent autoriser l'établissement à passer outre. Il faudrait autant de lois spéciales qu'il se présenterait de cas. Le législateur aurait réellement dû ne pas annihiler l'action de l'autorité supérieure qui, voyant la situation à un point de vue plus élevé, devrait pouvoir trancher la difficulté sans être obligée de recourir au Corps législatif.

97. — Pour obtenir l'autorisation, s'il y a lieu, d'acquérir, aliéner, échanger, partager et transiger, l'on doit produire à la préfecture les pièces ci-après. (Décret du 25 mars 1852.)

ACQUISITIONS,	ALIÉNATIONS,	ÉCHANGES,	PARTAGES,	TRANSACTIONS
1o Déclaration du vendeur,	aliénations,	id. de l'échangiste,	partages,	acte authent.
2o Procès-verbal d'expert.,	ci-contre,	ci-contre,	ci-contre.	»
3o Plan des lieux,	»	»	»	»
4o Certificat du conservat.,	»	»	»	»
5o »	cahier d. ch.,	»	»	»
6o »	budg, de l'année,	»	»	»
7o »	»	»	»	avis du comité consultatif.
8o Délibérations,	ci-contre,	ci-contre,	ci-contre.	ci-contre.

Il est d'usage que toutes les pièces soient produites en double pour le motif rappelé au n° 99, à l'exception de celle rappelée sous le n° 6. L'un des doubles doit être sur timbre ; il est renvoyé avec l'arrêté d'autorisation pour être remis au notaire. Lorsque le principe de l'aliénation des biens d'un établissement a été admis, la situation étant connue, le budget n'est plus à reproduire à chaque demande qui est faite.

Le procès-verbal d'expertise doit donner les surfaces aliénables ou revenant à chaque intéressé, ainsi que les valeurs vénale et locative de ces surfaces. Les plans peuvent être tracés dans le corps de l'acte ; de telle sorte que les n°s 2 et 3 représentent une seule pièce à produire en double. L'acte doit être dressé par l'expert de chaque intéressé : géomètres ou architectes agréés. S'il est dressé par l'expert de l'établissement seulement, il doit être accepté et signé par la partie. Dans ce cas, il est inutile de produire les pièces reprises sous le n° 1, qui se trouvent rappelées dans l'acte.

Quand il s'agit de vente publique, il est bon, pour éviter toute contestation, de consigner dans le procès-verbal que l'adjudication aura lieu tant en l'absence qu'en la présence du soumissionnaire.

Budgets ..... (5o)

Imprévu.

98. — Dans les budgets, l'imprévu ne doit pas excéder le dixième des recettes ordinaires.

Une autorisation de l'autorité qui règle le budget est nécessaire pour en utiliser quelque faible partie que ce soit. (Inst. gén. 20 juin 1859, art. 819; décr. du 31 mai 1862, art. 495 et 547; voir n° 182.)

Travaux ..... (20o)
Imprévu, honoraires, emploi du rabais.

99. — L'imprévu et les honoraires de l'architecte doivent figurer dans le devis chacun pour un vingtième (1/20e). (Circul. min. intér. du 10 fév. 1840.)

De même qu'il nomme directement son architecte, de même l'établissement peut débattre avec lui le taux de ses honoraires. Ce taux a été admis en principe à 5 0/0 par avis du conseil général des bâtiments civils du 12 pluviôse an VIII. (Décis. min. intér. du 5 sept. 1866.)

Dans le Nord, les projets non exécutés donnent lieu aux remises ci-après :

1 fr 50 0/0 s'ils sont approuvés ; 1 fr. 0/0 s'ils n'ont pas été approuvés ; rien s'ils sont restés inexécutés parce qu'ils étaient défectueux.

Si le projet est fait par plusieurs architectes, les honoraires se partagent comme il suit :

1 fr. 50 0/0 pour la rédaction ; 2 fr. 50 0/0 pour la conduite et la surveillance des travaux ; 1 fr. 0/0 pour la réception.

L'architecte qui fait la réception demeure responsable conformément au code civil. (Arrêté préf. du 3 sept. 1831.)

Travaux supplémentaires non autorisés.
— Conséquences.

Il doit être stipulé dans le cahier des charges que les travaux supplémentaires non autorisés resteront à la charge des entrepreneurs (ord. du 14 nov. 1837; circ. min. intér. du 10 février 1840), à moins qu'ordonnés par l'architecte dans le cours de l'entreprise, ils ne soient reconnus nécessaires. (Cons. d'Etat 2 mai 1866.)

Il n'est pas dû d'honoraires pour les travaux supplémentaires exécutés sans approbation. (Cons. d'Etat 2 mai 1866.)

Quant aux travaux de cette nature approuvés, il y a lieu, sinon

de supprimer, du moins de réduire les honoraires. (Circ. min. int. du 9 sept. 1865.)

Travaux par adjudication. — Pièces à produire.

Lorsqu'il y a lieu de soumettre des travaux à l'adjudication publique, les pièces ci-après doivent être adressées au préfet pour l'obtention de l'autorisation :

1° Les plans et devis ;

2° Le cahier des charges ;

3° La justification des ressources ;

4° La délibération.

Toutes les pièces, à l'exception de la troisième, doivent être produites en double pour qu'il en reste une à la préfecture après l'approbation. Le timbre est superflu. Il est apposé extraordinairement, après l'adjudication, sur les pièces relevées sous les n°ˢ 1 et 2.

Libéralités. — Distinction.

100. — Il y a trois espèces de libéralités : celles dites de la main à la main ou dons manuels ; les donations entre vifs ; les legs ou libéralités testamentaires.

Dons manuels.

Conditions des dons manuels.

101. — Les dons manuels peuvent être acceptés par le receveur d'un établissement charitable, pourvu qu'ils soient exempts de conditions, sinon l'encaissement est interdit jusqu'après l'instruction imposée pour l'acceptation des donations entre vifs. (Code civil 931-948 ; décis. min. int. des 9 octobre 1861, 18 oct. 1862, 23 sept. 1870.)

Leur nature.

Ils ne peuvent comprendre que des effets mobiliers qui se transmettent de la main à la main, comme une somme d'argent, une action au porteur (Cass. 23 mai 1822), un certain nombre de livres acceptés par l'administration charitable, dont le produit doit être distribué aux pauvres, après avoir donné lieu au droit de vente de 2 0/0. (Solution de la direction des Domaines au Mémorial des percepteurs 1872.)

Leur affectation.

Comme les fonds sans affectation spéciale, les dons manuels doivent être dirigés vers la rente. (Cons. d'Etat 21 décemb. 1808;

déc. du 16 juillet 1810; circ. min. int. des 23 août 1813, 21 juin 1819 et 8 juillet 1836; décis. dudit du 31 août 1866, sur avis des inspecteurs généraux de bienfaisance.)

Affranchissement du droit de donation.

102. — Ni les libéralités de cette nature, ni la délibération de l'établissement charitable intéressé portant reconnaissance du versement de ladite libéralité dans sa caisse, ne sont assujettis au droit de donation. (Décis. min. des fin. du 13 déc. 1858; inst. 2148, § 1er; Sirey, p. 576, recueil 1859; cass. 12 janv. 1870.)

Cas d'application de ce droit. — Révocation inadmissible.

Si ayant retrouvé la trace de la libéralité, les héritiers déclarent la révoquer à raison de son importance, l'établissement intéressé peut toujours, même après le décès du donateur, obtenir l'autorisation de conserver cette libéralité, pourvu, d'ailleurs, qu'il soit établi, en fait, que ce n'est pas dans une pensée frauduleuse et pour se soustraire à l'examen et au contrôle du Gouvernement, que les parties ont donné à ladite libéralité la forme du don manuel ; mais alors le droit de donation est dû. (Loi des 15-22 mai 1850; cass. 18 mars 1867.)

Donations entre vifs.

Offre et acte préalables.

Acceptation provisoire dans l'acte ou séparément.

103. — La donation entre vifs faite à un établissement doit être préalablement proposée dans un acte authentique; et si l'acte ne relève pas l'acceptation *provisoire*(1) de l'établissement donataire, cette acceptation, en vertu d'une délibération dudit établissement, doit être extrajudiciairement signifiée au donateur par le chef du même établissement, ou le titulaire. (Code civil 931; ord. du 2 avril 1817, art. 5; lois des 18 juill. 1837, art. 21 et 48, 7-13 août 1851, art. 11; cons. d'Etat 5 nov. 1850; cass. 12 nov. 1866.)

Donation non révocable après acceptation provisoire.

104. — L'acceptation provisoire d'une donation rend sans effet la révocation de celle-ci, alors même que cette révocation serait

____

(1) Il importe que l'acte ne comporte pas acceptation *définitive* pour qu'il reste acte innomé, imparfait, ne donnant lieu, comme l'acte de signification, qu'à la perception du droit fixe de 2 fr. et non au droit proportionnel de 9 0/0 exigible lorsqu'il y a transmission réelle de propriété. En effet, l'établissement n'a pas encore alors la certitude qu'il sera autorisé à accepter la donation.

faite avant la décision de l'autorité compétente. (Cass. 15 janvier 1864.)

105. — Les donations faites à des établissements de bienfaisance par des personnes qui désirent rester inconnues, ne peuvent être autorisées. Il faut que le donateur consente à se faire connaître et à se laisser nommer dans l'acte notarié, sauf par lui à demander que son nom ne soit pas inscrit sur l'arrêté ou le décret d'autorisation ; ce qui lui sera accordé sans difficulté. (Circ. min. int. du 28 juillet 1827.)

106. — Une distribution aux pauvres imposée à l'acquéreur d'un domaine constitue une disposition charitable qui doit être acceptée par le bureau de bienfaisance, alors même que le distributeur serait exempté de rendre compte. Le bureau doit seulement s'assurer ensuite si la distribution a été faite. (Décis. min. int. 7 mars 1862.)

107. — Pour obtenir, s'il y a lieu, l'autorisation d'accepter la donation, l'établissement intéressé doit produire les pièces ci-après à la préfecture (décret du 25 mars 1852, tableau A, § 42 [1]) :

1° L'acte de donation ;

2° L'original de l'exploit portant acceptation provisoire de la donation si l'acte ne la relève pas ;

3° L'estimation des objets donnés, s'il ne s'agit pas de numéraire ;

4° Le procès-verbal d'expertise (2) } s'il s'agit
5° Le certificat du conservateur des hypothèques { d'immeubl. ;

6° Les copies certifiées des titres, s'il s'agit de créances ou de rentes ;

---

(1) Il est d'usage que les pièces soient produites en double, à l'exception de celles renseignées sous les nᵒˢ 2, 5, 6, 7 et 8. (Voir nᵒ 99.)

(2) Cet acte, dressé par deux architectes ou deux géomètres assermentés, doit donner la valeur locative et la valeur vénale des immeubles, à moins que, s'il est dressé seulement par l'expert de l'établissement, il ne soit accepté par le donateur.

7° Le certificat de vie du donateur ;

8° Le certificat du maire renseignant sur la position de fortune du donateur ;

9° Le budget de l'établissement ;

10° La délibération de l'établissement ratifiant l'acceptation provisoire et demandant l'envoi en possession.

Refus de donation au cas de réserve d'usufruit total.

108. — La donation sous réserve d'usufruit total au profit du donateur, paraît constituer une véritable disposition testamentaire ; *elle est inacceptable*, et, dans ce cas, le bienfaiteur ne peut qu'être invité à remplacer l'acte de donation par des dispositions testamentaires. (Cons. d'Etat 13 octob., 1er déc. 1830, 13 avril 1831, 6 mars 1861; circ. min. intér. 5 déc. 1863.)

Exception.

Il en serait autrement s'il s'agissait d'un usufruit partiel. Ce serait là une simple condition onéreuse imposée. (Cons. d'Etat 25 janv. 1868.)

Cessation de son caractère provisoire.

109. — La donation n'est pleine et entière qu'après l'autorisation de son acceptation. (Arrêté du Gouv. du 13 brum. an XII; code civil 910; loi du 7 août 1851.)

Rétroactivité de l'autorisation. Révocation inefficace

110. — L'autorisation rétroagit jusqu'au jour de l'acceptation provisoire ; de telle sorte qu'une révocation de don ou le décès du donateur, survenus entre l'acceptation et l'autorisation, restent sans effet. (Cass. 15 janvier 1864; trib. de la Seine 29 août 1865.)

Acte de validation.

111. — Aussitôt après la réception de l'autorisation, il doit être dressé un acte authentique portant acceptation de la donation, et cet acte doit être extrajudiciairement signifié au donateur ou, s'il est décédé, à ceux qui le représentent. (Code civil 932-937; instr. gén. du 20 juin 1859, art. 946.)

Signification d'acceptation.

Toutefois, il est possible d'éviter la signification en faisant intervenir dans l'acte le donateur, le receveur de l'établissement et la commission dudit établissement : le premier comme payeur de ladite donation, le second comme ayant reçu les fonds, la troisième comme acceptante ; l'acte porte alors quittance.

Validation éven-
tuelle sans acte défi-
nitif.

112. — Le défaut de passation de l'acte définitif n'autoriserait pas cependant les héritiers à revendiquer une donation régulièrement autorisée du vivant du donateur, s'ils avaient laissé s'écouler plus de dix ans depuis que, connaissant l'irrégularité dont elle était frappée, ils l'auraient volontairement exécutée par le paiement des rentes dont elle serait l'objet. Les art. 1304 et 1340 du code civil devraient, dans ce cas, leur être opposés. (Cassat. 5 mai 1862.)

Legs ou libéralités testamentaires.

Obligations des no-
taires.

113. — Les notaires dépositaires des testaments contenant des libéralités en faveur d'un établissement de bienfaisance sont tenus de lui en donner avis et de transmettre au préfet du département, sans délai, après l'ouverture du testament, un état sommaire de l'ensemble des dispositions de cette nature insérées auxdits testaments.

Les actes conservatoires sont alors faits par le chef de l'établissement ou par le titulaire. (Arrêté du Gouvern. du 4 pluviôse an XII; ord. du 2 avril 1817; décret du 30 juillet 1863.)

Pièces à produire
pour l'instruction.

114. — Pour obtenir, s'il y a lieu, l'autorisation d'accepter le legs, l'établissement intéressé doit produire les pièces ci-après à la préfecture (décret du 25 mars 1852, tab. A, § 42 [1]) :

1° Le testament ;

2° L'acte de décès du testateur ;

3° Le procès-verbal d'inventaire et d'estimation des objets délaissés par le testateur ;

4° Le procès-verbal d'expertise,   s'il y a des im-

5° Le certificat du conservateur des hypothèques meubles (2) ;

6° Les copies certifiées des titres, s'il s'agit de créances ou de rentes ;

---

(1) Il est d'usage que toutes les pièces soient produites en double, à l'exception de celles numérotées 2, 5, 6, 7 et 8. (Voir n° 99.)

(2) Voir la note du n° 107.

7° Le consentement des héritiers à la délivrance du legs (1) ;

8° Le budget et l'état de la situation financière de l'établissement ;

9° La délibération d'acceptation provisoire ou de répudiation de la commission (2).

Legs de nue-propriété. — Instruction.

115. — Les legs de nue-propriété doivent être instruits comme le sont ceux de pleine propriété. (Décis. min. int. 19 fév. 1861.)

Clause testamentaire contraire aux lois. — Conséquences.

116. — La condition contraire aux lois attachée au legs fait à un établissement charitable est réputée non écrite. Le legs en est affranchi et revient à l'établissement. (Code civil, art. 900; cour de Lyon 22 mars 1867.)

_____

(1) 1° A défaut d'héritiers connus, le testament doit être affiché par extrait, de huitaine en huitaine, et à trois reprises différentes, au chef-lieu de la mairie du domicile du testateur, et inséré dans le journal judiciaire du département, avec invitation aux héritiers d'adresser au préfet, dans le même délai, les réclamations qu'ils auraient à présenter. (Ordonn. du 14 janv. 1831, art. 3; Conseil d'Etat, 22 janv. 1837, 12 déc. 1860.)

2° Si l'un ou plusieurs des héritiers sont absents, l'appel ci-dessus doit être extrajudiciairement signifié au procureur de la République du chef-lieu du domicile du testateur, en désignant l'absent et son dernier domicile connu. (Code civil 114; code de procéd. 83 et suivants.)

3° A défaut d'adhésion à la suite d'une simple invitation, les héritiers doivent être extrajudiciairement sommés, à la requête du président de l'administration intéressée, de fournir soit cette adhésion, soit leurs observations ou réclamations, dans un délai normal que l'exploit détermine.

En remplacement de la pièce n° 7 ci-dessus, on produit alors :

Dans le premier cas, les journaux légalisés et le certificat d'affixion délivré par le maire ;

Dans le second cas, l'exploit original de mise en demeure ;

Dans le troisième cas, ledit exploit et, conformément à la circulaire du ministre de l'intérieur du 24 mars 1846, soit un certificat, soit un tableau signé par le maire et scellé, relevant ;

1° Le degré de parenté des héritiers ; — 2° le montant des revenus dont ils jouissent ; — 3° la valeur de la totalité des biens du testateur ; — 4° la valeur exacte du legs particulier fait à l'établissement charitable.

(2) La circulaire de M. le ministre de l'intérieur exige de plus que l'avis du comité consultatif soit joint aux pièces, si le testament donne ou paraît devoir donner lieu à quelques difficultés ; mais, dans la pratique, l'avis est demandé directement par le préfet.

Disposition contraire à l'ordre public. — Conséquences.

117. — Est nulle aussi, comme contraire à l'ordre public, la disposition par laquelle un testateur, après avoir fait un legs à un établissement de bienfaisance, déclare que ce legs sera sans effet pour le tout au cas où, pour une cause quelconque, il ne recevrait pas son exécation pleine et entière et qu'un tiers sera appelé à le recueillir, une telle disposition portant atteinte aux droits du Gouvernement. (Cour de Paris, Sirey, 1861, p. 633; en sens contraire, cour d'Amiens 1863.)

Prévision d'un refus d'accepter à un établissement. — Eviction du substitué au cas d'autorisation.

118. — Un établissement déclaré légataire universel n'est pas privé de ce droit par un second acte de dernière volonté qui lui substitue un tiers en prévision d'un refus d'autorisation d'accepter. (Cass. 20 juillet 1864.)

Établissement légataire sans existence légale. — Inaptitude à recueillir.

119. — Un établissement qui n'est pas déclaré d'utilité publique au moment du décès de la personne qui lui a fait un legs, n'a pas capacité pour recueillir ce legs. (Cass. 12 avril 1864; code civil 906.)

Existence légale postérieure au legs. — Responsabilité rétroactive du légataire capable, tenu de servir une rente.

120. — Toutefois, si l'existence légale de l'établissement est postérieurement reconnue, aucune loi ne s'oppose à ce qu'il puisse réclamer rétroactivement, à partir de la reconnaissance de son existence légale, l'exécution d'une charge imposée à son profit à un légataire capable, sous la condition exprimée ou sous-entendue et acceptée par ledit légataire.

Le légataire tenu de verser les annuités arriérées ne peut se retrancher derrière l'insolvabilité du légataire universel, s'il est établi que la situation est imputable à sa négligence. (Cassat. 21 juin 1870.)

Legs pour fondation d'un hôpital. — Acceptation par la commune.

121. — Est valable le legs fait pour la fondation d'un hospice, alors qu'au jour du décès du testateur cet hospice n'aurait pas une existence légale ou que cette existence, déclarée ultérieurement, serait insuffisante pour habiliter l'établissement rétroactivement : c'est à la commune, personne légale existante, et non à l'hospice, personne légale future et éventuelle, que le legs a été fait. (Cass. 2 mai 1864.)

Admissibilité d'une libéralité révoquée.

122. — Est valable la clause portant révocation d'un legs à défaut d'autorisation de son acceptation intégrale. (Cass. 25 mars 1863; cour d'Amiens 24 juillet 1863.)

Inexécution d'une fondation pour lits d'orphelins d'une commune.

123. — Quand un legs a été fait au profit d'un établissement de bienfaisance à la condition de nourrir et élever un certain nombre d'orphelins appartenant à une commune, cette charge, qui constitue une obligation de faire, peut, au cas d'inexécution et nonobstant les conclusions de la commune demandant à exécuter elle-même la fondation aux frais de l'établissement, être convertie seulement en une prestation d'argent à payer à la commune à titre de dommages-intérêts et que celle-ci devra employer au mieux des intérêts des orphelins. Les juges ont à cet égard un pouvoir discrétionnaire, bien que la commune n'ait pas conclu à une condamnation à des dommages-intérêts. (1855, Sirey, cass. p. 648.)

Substitution de la commune par voie d'indemnité judiciaire

Caducité du legs.

124. — Le legs est caduc :

Si la fondation n'est pas exécutée dans le délai fixé par le testament (cour de Paris 15 janvier 1864) ;

Si le testateur déclare avoir fait une libéralité dans la pensée qu'il n'avait pas d'héritiers et que l'existence de ceux-ci se révèle après le décès. (Cour de Paris 9 février 1867.)

Acceptation de legs sous réserve d'une rente à servir aux héritiers.

Examen préalable.

125. — L'engagement pris par un établissement légataire envers les héritiers du testateur pour faire cesser leurs réclamations ou en atténuer la portée, notamment de servir une rente viagère, ressortit à l'examen du Gouvernement. (Cons. d'Etat 24 avril 1872.)

Transactions. — Autorisation préalable du Gouvernement.

126. — Les transactions en matière de libéralités doivent être autorisées par le Gouvernement. (Décis. min. int. 3 oct. 1862.)

Droits de mutation. — Epoque du paiement.

127. — Le délai pour le paiement des droits de mutation expire six mois après la date de l'arrêté ou du décret d'autorisation d'accepter un legs ou une donation. (Circ. min. int. du 10 nov. 1834.)

Affectation d'une libéralité.

128. — Le legs doit recevoir l'affectation que le testateur a demandée. (Min. int. circ. du 31 août 1866 sur avis du conseil des inspect. gén. de bienfaisance.)

Insuffisance d'actif. Réduction au marc le franc.

129. — Si les dispositions testamentaires excèdent l'actif de la succession, la réduction du legs doit être faite au marc le franc. (Code civil 926 et 927; min. int., décis. 1ʳʳ avril 1868.)

Placement de fonds.

130. — Toute libéralité (legs ou donation) doit être dirigée vers la rente, au profit de l'établissement qui l'a obtenue, à défaut de vœu contraire exprimé par le donataire. (Avis du cons. d'Etat du 21 déc. 1808, art. 2; min. int., circ. *suprà* 31 août 1866.)

Capitalisation du 10ᵉ du revenu.

Le dixième du revenu de la libéralité doit être annuellement capitalisé pour parer à la dépréciation du numéraire. (Cons. d'Etat 9 nov. 1864.)

Adhésion à la délivrance. — Justification pr l'autorisation.

131. — L'autorisation est surtout subordonnée, en matière de legs, à la production préalable de la septième des pièces réglementaires ou de celles qui en tiennent lieu, désignées au nᵒ 113.(Cons. d'Etat 22 janv. 1857, 12 déc. 1860, 1ᵉʳ août 1867; décr. 25 mars 1852, art. 1 et 6, tab. A, nᵒ 42, décis. min. int. 3 sept. 1863.)

Déclaration administrative remplaçant l'acte de délivrance.

132. — L'hospice qu'un administré a déclaré son légataire universel et qui n'a pu découvrir la famille du défunt pour avoir son consentement à la délivrance du legs ou pour la constituer en demeure par acte extrajudiciaire, peut être autorisé à accepter le legs, sur sa déclaration que ses recherches ont été infructueuses. (Décis. min. int. 15 juill. 1853.)

Délivrance judiciaire conditionnelle.

133. — La délivrance judiciairement demandée doit être ordonnée, sous réserve de l'exécution des intentions du donateur et de l'autorisation de l'autorité compétente, mais elle n'a qu'un effet conservatoire et non immédiat, et rétroagit dès que l'autorisation est intervenue. (Arrêts précités des 1ᵉʳ avril 1863, 2 mai 1864; contr. 13 nov. 1849.)

Autorisation réservant les droits des tiers.

134. — L'autorisation est donnée sous la réserve des droits des tiers. (Cons. d'Etat 1ᵉʳ déc. 1852.)

Rétroactivité de l'autorisation.

135. — Elle rétroagit jusqu'au jour de l'acceptation provisoire du legs. (Lois du 18 juillet 1837, art. 48, du 7 août 1851, art. 11, § 2; cass. 15 janv. 1854, 12 nov. 1867.)

Point de départ des intérêts d'un legs.

136. — Les intérêts du legs courent du jour du consentement à sa délivrance ou, en cas de refus d'adhésion des héritiers, du

jour de la demande que le maire en fait, à titre conservatoire, après l'acceptation provisoire de l'établissement. (Cass. 1er avril 1863, 2 mai 1864, 12 nov. 1866, 15 fév. 1870 ; cour d'Orléans, 8 janv. 1867.)

Legs aux pauvres de deux communes. — Quotité de chacune.

137. — Les legs faits aux pauvres de deux communes doivent être partagés proportionnellement au nombre de pauvres de chacune. (Cour de Paris 23 déc. 1843.)

Legs aux pauvres sans désignation de localité.

138. — Les legs faits aux pauvres, sans désignation de localité, doivent être acceptés par le bureau de bienfaisance du domicile du testateur. (Décis. int. 21 août 1862.)

Legs aux sœurs pour leurs malades pauvres.

139. — Le legs fait aux sœurs pour être compté aux plus pauvres de leurs malades doit être accepté par le bureau de bienfaisance et délivré à ce dernier. (C. de Bordeaux 20 juin 1845.)

Legs aux pauvres honteux, désignés par l'autorité ecclésiastique.

Délivrance au bureau de bienfaisance.

140. — Le legs fait aux pauvres honteux, dont la conduite et les mœurs religieuses seront reconnues par les autorités ecclésiastiques du lieu du décès du testateur, n'est pas censé fait à des personnes incertaines, et il appartient au bureau de bienfaisance de la localité d'en demander la délivrance à l'exclusion de l'autorité ecclésiastique. (Cass. 6 juin 1866 [1]).

Legs à distribuer par un tiers sans charge de rendre compte.

Contrôle du bureau de bienfaisance.

141. — La clause testamentaire qui affranchit de tout contrôle et surveillance la personne chargée de distribuer un legs, n'est valable qu'en ce qu'elle ne l'oblige pas à rendre compte, mais elle n'enlève pas au bureau de bienfaisance le droit de veiller à ce que la distribution soit exécutée. (Cour de Douai 23 juin 1846; décis. min. des cultes 8 avril 1854; décis. min. int. 28 juin 1862.)

Libéralité par intermédiaire. — Acceptation.

142. — L'établissement charitable intervient pour l'acceptation d'une libéralité faite à un tiers à charge d'en apporter le montant à cet établissement. (Min. int. circ. du 19 fév. 1817; décis. 23 juin 1828.) (2).

---

(1) La nouvelle jurisprudence (voir n° 150) paraît avoir modifié celle de 1866.

(2) En principe, tout don ou legs fait à un tiers à charge d'en faire profiter un bureau de bienfaisance permet à celui-ci d'intervenir pour assurer l'exécution des intentions du donateur ou du testateur.

Fidéicommis. — Dénégation de mission. — Action sans autorisation.

143. — La reconnaissance d'un fidéicommis, la déclaration que le fidéicommissaire ou ses héritiers sont tenus de délivrer un legs à un établissement charitable peuvent, sans l'autorisation de plaider et avant celle d'accepter le legs dénié, être poursuivies devant les tribunaux qui doivent cependant surseoir jusqu'à l'autorisation d'acceptation, au réglement de compte du fidéicommis ou de ses héritiers. (Cass. 12 nov. 1862.)

Legs d'une rente sur revenu.

Cession possible pour les héritiers des valeurs héréditaires.

Capital non exigible.

Cas d'affranchissement de solidarité.

Cession de valeurs garantiss¹ une rente léguée.

Insolvabilité du cessionnaire judiciairement constatée.

Recours possible contre les héritiers vendeurs.

144. — Le legs d'une rente annuelle à prendre sur les revenus du testateur est purement démonstratif, sans transmission de propriété ni affectation spéciale. En cas de vente des rentes héréditaires, les héritiers ne peuvent être condamnés à colloquer le capital de la rente, mais à servir celle-ci. Leur solidarité n'est en cause que si le testament l'a prévue. (Cass. 6 juin 1856.)

145. — Les poursuites infructueuses contre le cessionnaire des valeurs héréditaires chargé de servir la rente et devenu insolvable, ne produisent pas la novation prévue par l'art. 1275 du code civil, et permettent à l'établissement intéressé de se retourner contre les héritiers pour obtenir les arrérages de ladite rente à partir du jour de la demande en délivrance qu'il leur a personnellement adressée conformément aux art. 1011 et 1014 du code civil. (Arrêt précité.)

Legs universel à défaut d'héritiers à réserve. — Portion ultérieurement attribuée à un tiers pouvant rev nir aux héritiers du sang.

146. — Lorsqu'un testateur, sans héritiers à réserve, a légué toute sa fortune à un établissement et que, par un second testament, il a appelé un tiers à prendre une quote-part dans sa succession, les héritiers du sang sont recevables à attaquer le second testament, en se bornant à faire des réserves à l'égard du premier, en vue de poursuivre ultérieurement la réduction du legs particulier qu'ils auraient fait écarter. (Cass. 26 juin 1860.)

Commune ou établissement légataire. — Réduction du legs accepté. — Droits de l'établissement.

147. — Lorsqu'un testateur, exhérédant sa famille, constitue légataire universelle d'une partie de ses biens une commune et, sur son refus d'accepter, un établissement charitable ; qu'accepté par la commune, le legs est réduit par le Gouvernement, l'établissement profite de la réduction à l'exclusion des héritiers du sang. (Cass. 18 janv. 1868.)

Immeuble acquis par prescription léguée à un tiers, à charge d'indemnité. — Époque de recouvrement.

148. — Lorsqu'un tiers hérite d'un immeuble acquis par prescription, à charge de donner une indemnité à un établissement, s'il ne découvre pas le propriétaire de l'immeuble, l'établissement, après un laps de temps raisonnable, est fondé à réclamer du légataire l'indemnité déterminée, si celui-ci n'a pas retrouvé le susdit propriétaire. (Cass. 15 juillet 1868.)

Legs aux fabriques pour les pauvres. — Acceptation simultanée des fabriques et des communes. — Exclusion des bureaux de bienfaisance

149. — Une libéralité faite à plusieurs fabriques d'église pour le soulagement des pauvres de chaque paroisse, par les soins du desservant de chacune, doit être acceptée par chaque fabrique et par le maire de chaque commune à l'exclusion des bureaux de bienfaisance des localités.

Immatriculation au nom des fabriques. — Double des titres aux communes.

150. — La rente doit être immatriculée au nom de chaque fabrique avec mention sur l'inscription de la destination des arrérages, et un duplicata de ladite inscription doit être remis au maire de la commune intéressée. (Cons. d'Etat, avis du 6 mars 1873, décret du 22 dudit mois.) (1)

Legs pour l'instruction des enfants pauvres. — Exclusion du bureau de bienfaisance.

151. — Un legs fait pour l'instruction des enfants pauvres est fait à la commune et non au bureau de bienfaisance. Ce dernier n'a pas à intervenir. (Ord. du 2 avril 1817, art. 3, § 10 ; décis. min. int. 5 fév 1865 ; cons. d'Etat 10 juin 1867.)

Actions judiciaires .... (4o)
Dons et legs ... (8o)
Actes conservatoires. — Ressources liquides. — Intervention du receveur.

152. — Lorsqu'il s'agit d'assurer la rentrée de ressources *liquides*, les actes conservatoires sont faits par le receveur jusqu'à la saisie-exécution. Le comptable donne avis de celle-ci à l'administration, en lui demandant s'il y a lieu de passer outre à la vente.

____

(1) Les textes qui régissent la matière sont les suivants : loi des 7 frimaire an V et 18 germinal an X, art. 76 ; — arrêté du Gouvernement du 5 prairial an XI ; — décrets des 12 septembre 1806 et 30 décembre 1809 ; — ordonnances des 2 avril 1817, art. 3, §§ 8 et 10 et 31 octobre 1821 ; — code civil 910-937.

Le principe admis par le décret de 1873, sur avis du Conseil d'Etat, est une dérogation à celui suivi jusques-là et résultant de l'interprétation des textes cités ci-dessus. Le principe abandonné établissait : « que les dons et legs faits à « un établissement religieux devaient être acceptés par cet établissement et par « le bureau de bienfaisance. Le titre de rente devait être immatriculé au nom de « chaque établissement, avec mention de la destination des arrérages, et rester « entre les mains dudit bureau chargé seul de remettre ces arrérages ». (Voir notamment Conseil d'Etat 12 avril 1837, 4 mars 1841, 14 janvier 1863.)

Il se conforme à l'ordre écrit de surseoir ou de poursuivre ;
mais dans le premier cas, il avise immédiatement de la situation
le préfet et le trésorier-payeur-général. (Arr. du Gouv. 19 vend.
an XII, art. 1er; loi du 18 juillet 1837, art. 62 et 64; ord. du 31
mai 1838, art. 470; inst. gén. du 20 juin 1859, art. 850 et 950.)

Ressources non liquides. — Intervention du président.

153. — Tou'es les fois qu'il s'agit d'assurer la rentrée de ressources non liquides, d'immeubles ou d'effets mobiliers légués,
les actes conservatoires sont faits, sans autorisation préalable,
par le chef de l'administration ou le titulaire. Au nombre de ces
actes sont notamment : l'acceptation des dons et legs, les réquisi-
tions de pose ou de levée des scellés, l'assistance aux inventaires,
les actions possessoires. (Ord. du 2 avril 1817, art. 3 et 5 ; loi du
18 juillet 1837, art. 55; loi du 7 août 1851, art. 11 ; instr. gén. du
20 juin 1859, art. 948 et 955 ; c. proc. art. 930 et 932; circ. min.
intér. du 25 juin 1873.)

Instance en nullité de legs. — Intervention conservatoire.

154. — L'intervention dans une instance en nullité de legs pour
en demander le maintien, avant toute autorisation d'accepter, est
un acte conservatoire qui rentre dans ceux prévus par l'ordonnance du 2 avril 1817. (Sircy, cass. 1858, p. 544.)

Contestations. — Juridictions.

155. — Les conseils de préfecture interprètent les contrats
administratifs de toute nature. Ils statuent sur les difficultés nées
à l'occasion des travaux que font exécuter les administrations hospitalières et charitables ; mais ils n'ont point à connaître des contestations des deux administrations avec les entrepreneurs de
leurs fournitures. Ces contestations ressortissent exclusivement
aux tribunaux ordinaires. (Loi du 28 pluviôse an VIII, art. 4; cons.
d'Etat. 22 juin 1854.)

Actions judiciaires. — Autorisation préalable.

156. — Les établissements charitables ne peuvent être actionnés
ou intenter un procès que sur l'autorisation du conseil de préfecture, sur l'avis du conseil municipal et du comité consultatif, sauf
recours au conseil d'Etat. (Loi du 28 pluviôse an VIII, titre II,
art. 4; arrêtés du Gouv. du 7 messidor an IX, art. 13, 17 vendém.
et 9 ventôse an X; loi du 18 juillet 1837, art. 49 à 54 ; loi du 7
août 1851, art. 10.)

Appel. — Nouvelle autorisation du conseil de préfecture.

157. — L'administration doit se pourvoir d'une nouvelle autorisation du conseil de préfecture lorsqu'elle est dans l'intention d'attaquer un jugement par appel incident. (Cass. 7 juillet 1846, 5 juillet 1847 et 1er mars 1848, Dalloz.)

Appel. — Nouvelle autorisation du conseil de préfecture.

157. — L'administration doit se pourvoir d'une nouvelle autorisation du conseil de préfecture lorsqu'elle est dans l'intention d'attaquer un jugement par appel incident. (Cass. 7 juillet 1846, 5 juillet 1847 et 1er mars 1848, Dalloz.)

Cas où cette autorisation n'est pas nécessaire.

Mais il n'en est pas de même lorsqu'elle est appelée à se défendre en appel. (Edit d'août 1764, art. 44; cass. 2 mars 1815, 23 juin 1835, 26 fév. 1838, 4 mai 1840, 5 juillet 1847, Dalloz; cons. d'Etat 13 avril 1842 et 7 août 1843.)

Ancienne maison de charité attribuée à un bureau de bienfaisance — Attribution inattaquable.

158. — L'attribution à un bureau de bienfaisance d'une ancienne maison de charité, qui existait sur le territoire de la commune où le bureau est situé, trouve une justification suffisante dans la loi qui a ordonné la restitution aux bureaux de bienfaisance de tous les biens ayant appartenu autrefois dans le département à des établissements de charité et ayant ensuite été réunis au domaine public par les lois révolutionnaires. (Cass. 24 novemb. 1868.)

Action judiciaire à propos d'un legs. — Partie intervenante.

Au cas d'un legs au profit de certains pauvres d'une commune, à désigner suivant un mode déterminé, ceux qui ont été ainsi désignés n'ont pas par cela seul qualité pour intenter *ut singuli* une action. Cette action ne peut être valablement formée que par la commune, en leur nom. (1855, Sirey, cass. p. 648.)

Adjudications. Principes généraux.

159. — Toute fourniture ou tout travail doit être précédé d'un devis estimatif.

L'adjudication publique est exigée en principe pour ces deux natures d'objets. (Ordonn. du 24 nov. 1837, art. 1er.)

Il en est de même :

1o Pour l'aliénation des propriétés. (Lois des 5-10 août 1791, art. 2; circ. min. intér. du 3 avril 1833; instr. gén. 20 juin 1859, art. 944.)

2o Pour l'aliénation des rentes, assimilées aux immeubles. (Décis. min. intér. des 24 oct. 1854, 15 fév. 1858; instr. gén. du 20 juin 1859, art. 944-972.)

3o Pour l'affermage desdits immeubles. (Décret du 12 août 1807, art. 1er.)

Résiliation des baux. — Modération des fermages.

Publicité avant l'autorisation.

Adjudications de fournitures et travaux. — Majorité de la commission et présence du receveur.

Adjudication d'immeubles. — Présence d'un notaire agréé, d'un membre de l'administration et du receveur.

Le notaire administrateur peut recevoir les actes.

Restriction possible du nombre des concurrents.

160. — Lorsqu'il s'agit de résilier des baux en dehors des époques prévues par les contrats, de modérer les fermages relevés dans ces mêmes contrats, les autorisations, du préfet si elles sont reconnues possibles, doivent être précédées d'enquêtes et d'avis des conseils municipaux. (Arrêté du Gouv. du 7 germ. an IX et arrêté consul. du 14 ventôse an XI; décret du 25 mai 1852, tab. A, 41₀.) La délibération approuvée ou l'arrêté qui intervient dans ce sens doit être enregistré. (C. des comptes, arrêt du 3 déc. 1873.)

161. — Les adjudications doivent être faites, savoir :

1° Quant aux fournitures, aliments et autres objets, en présence du receveur et de la majorité des membres de l'administration, après un mois de publicité. (Loi du 16 messid. an VII, art. 8; arrêté du Gouv. du 19 vendém. an XIII, art. 1er; instr. gén. du 20 juin 1859, art. 849, 868, 1024.)

2° Quant aux baux et aliénations d'immeubles, par un notaire nommé par l'administration (1), en présence du receveur et d'un membre de l'administration. (Loi du 5 nov. 1790, art. 13; décret du 12 août 1807, art. 1 et 4; arrêté et instruct. gén précités.)

Le notaire qui serait membre de la commission administrative d'un établissement pourrait régulièrement recevoir l'acte de vente d'un immeuble appartenant à cet établissement. (Conseil d'Etat 7 avril 1843.)

162. — Les adjudications publiques relatives à des fournitures, à des travaux, à des exploitations ou fabrications, qui ne pour-

---

(1) Sous l'empire du décret du 12 août 1807, les préfets nommaient les notaires chargés de recevoir, aux enchères, les baux à fermes des hospices et des autres établissements publics de bienfaisance.

L'art. 10 de la Constitution du 4 novembre 1848 a abrogé ce mode exceptionnel de nomination, et depuis cette époque, les établissements publics choisissent et nomment leurs notaires, comme ils le faisaient précédemment pour leurs conseils et autres agents judiciaires. Les commissions d'hospice peuvent d'ailleurs agir ainsi en vertu de l'art. 14 de la loi du 7 août 1851.

Dans le Nord, les deux derniers arrêtés de nomination, pris en conformité du décret de 1807, sont des 25 avril 1835 et 6 avril 1848. Le dernier ne fait que réintégrer dans son emploi un notaire qui en avait été dépossédé.

raient être sans inconvénients livrés à une concurrence illimitée, pourront être soumises à des restrictions qui n'admettront à concourir que des personnes reconnues capables par l'administration, et produisant les titres justificatifs exigés par les cahiers des charges. (Ordonn. du 14 nov. 1837, art. 3.)

Garanties à donner par les adjudicataires.

163. — Les cahiers des charges détermineront la nature et l'importance des garanties que les fournisseurs ou entrepreneurs auront à produire, soit pour être admis aux adjudications, soit pour répondre à l'exécution de leurs engagements ; ils détermineront aussi l'action que l'administration exercera sur ces garanties, en cas d'inexécution de ces engagements.

Ouvrages non autorisés. — Responsabilité.

164. — Il sera toujours et nécessairement stipulé que tous les ouvrages exécutés par les entrepreneurs, en dehors des autorisations régulières, demeureront à la charge personnelle de ces derniers, sans répétition contre les établissements. (Même ordonn., art. 4, *suprà* n° 99.)

Cautionnements.

165. — Les cautionnements à fournir par les adjudicataires seront réalisés à la diligence du receveur des établissements. (Même ordonnance, art. 5.)

Dépôt de garantie.

166. — Le cahier des charges peut astreindre les soumissionnaires au versement préalable, dans la caisse du receveur, d'une somme à déterminer, qui leur est rendue, s'ils ne sont pas adjudicataires, sur la déclaration écrite du président de l'adjudication, et qui, dans le cas contraire, est appliquée à leur cautionnement définitif. (Instr. gén. du 20 juin 1859, art. 527 et 1023.)

Nature facultative des cautionnements.

167. — Le cautionnement proprement dit peut être donné : *en numéraire, en immeubles, en inscriptions de rentes sur l'Etat,* SUIVANT QUE LE CAHIER DES CHARGES L'AURA DÉTERMINÉ. (1)

---

(1) L'administration n'admet depuis longtemps que le cautionnement en numéraire pour éviter les formalités et surtout les difficultés que les autres cautionnements amenaient.

Elle a décidé qu'elle refuserait intégralement les valeurs remises à ce titre sur le bureau, à l'ouverture de l'adjudication ou pendant la séance.

168. — Dans le premier cas, la somme à remettre au receveur, pour être versée par lui à la caisse des dépôts, *est généralement du vingtième* du prix de l'adjudication, s'il s'agit de fournitures (circul. du minist. int. du 9 juin 1838); du *trentième* de ce prix, s'il s'agit de travaux (clauses et conditions gén. du 30 nov. 1861, art. 1er, § 4).

La somme encaissée produit intérêt à partir du *soixante-unième* jour de son versement à la caisse des dépôts. — Réglement d'intérêts le 31 décembre de chaque année. (Instr. précitée, art. 1026.)

169. — Dans le second cas, l'immeuble doit être libre, et l'inscription hypothécaire est prise par le receveur, au nom de l'administration. (Instr. précitée, art. 1026.)

170. — Dans le troisième cas, les actes sont passés, soit avec le directeur de l'enregistrement, soit avec l'agent fiduciaire du Trésor. (Instr. précitée, art. 1026.)

171. — A l'expiration des engagements des adjudicataires, les cautionnements leur sont remis sur la production des pièces ci-après :

1º Main-levée de l'administration compétente, visée par le préfet;

2º Certificat de non opposition, délivré, à une date postérieure à la main-levée, par le greffier du tribunal civil ;

3º Remise du récépissé de dépôt ;

4º Quittance de la partie prenante.

172. — L'avis des adjudications à passer sera publié, sauf les cas d'urgence, un mois à l'avance, par la voie des affiches et par tous les moyens ordinaires de publicité. Cet avis fera connaître :

1º Le lieu où l'on pourra prendre connaissance du cahier des charges ;

2º Les autorités chargées de procéder à l'adjudication ;

3º Le lieu, le jour et l'heure fixés pour l'adjudication. (Ordonn. du 14 nov. 1837, art. 6.)

173. — Pour l'affermage des biens, l'affiche du notaire doit relever les indications ci-après :

Forme de l'affiche.

Si c'est une maison :

L'arrondissement — la commune — la rue — le numéro, s'il y en a — et, dans le cas contraire, deux au moins des tenants et aboutissants — la mise à prix.

Si ce sont des biens ruraux :

L'arrondissement — la commune de la situation des biens — les occupeurs — la désignation des bâtiments, s'il y en a — la nature des biens — la contenance approximative de chaque pièce — le cadastre — la mise à prix.

Insertion légale.

174. — Quarante jours au plus tôt et vingt jours au plus tard avant l'adjudication, le notaire doit faire insérer dans un journal publié dans le département où sont situés les biens, un extrait de l'affiche relevant les indications ci-dessus. (Décret du 12 août 1807, art. 3; c. proc., art. 675 et 696.)

Travaux et fournitures.

Prix maximum, rabais minimum.

175. — Les soumissions devront toujours être remises cachetées en séance publique. Un *maximum* de prix ou un *minimum* de rabais, arrêté d'avance par l'administration, devra être déposé cacheté sur le bureau à l'ouverture de la séance. (Ordonn. du 14 nov. 1837, art. 7.)

Contre-adjudication séance tenante.

176. — Dans le cas où plusieurs soumissionnaires auraient offert le même prix, il sera procédé, séance tenante, à une adjudication entre ces soumissionnaires seulement, soit sur de nouvelles soumissions, soit à extinction des feux. (Item, art. 8.)

Procès-verbal à dresser.

177. — Les résultats de chaque adjudication seront constatés par un procès-verbal relatant toutes les circonstances de l'opération. (Item, art. 9.)

Sanction du préfet indispensable.

178. — Les adjudications seront toujours subordonnées à l'approbation du préfet, et ne seront valables et définitives, à l'égard des établissements, qu'après cette autorisation. (Item, art. 10.)

Adjudicataires bénéficiaires. — Exclusion des administrateurs et du receveur.

179. — Aucune des adjudications ne peut être tranchée au profit des administrateurs ou du receveur. (C. civil, art. 1596; c. pénal, art. 175; circ. min. int. du 8 fév. 1823; instr. gén. du 20 juin 1859, art. 1273.)

Opérations de gré à gré. — Conditions qui les motivent.

Achats et travaux sans adjudications, ni marchés, ni autorisations.

Prélèvement sur l'imprévu. — Autorisations préalables.

Dépenses non susceptibles d'autorisations préalables. — Marchés de rigueur.

Exception pour le marché.

Cas où l'adjudication est de rigueur.

180. — Les marchés, baux et ventes amiables sont des exceptions aux principes ci-dessus et ne peuvent être autorisés par le préfet que pour des motifs sérieux, notamment lorsque la voie amiable peut contourner à l'avantage de l'administration qui a proposé ce mode d'opération.

181. — La commission peut délibérer et décider, sans recours à l'adjudication ou marché et à l'autorisation, qu'il sera prélevé sur les crédits ouverts, pour approvisionnements et travaux, une dépense n'excédant pas 300 fr. (Déc. du 10 brum. an XIV, art. 5, jurisprud. constante de la cour des comptes.)

182. — Mais les prélèvements sur les crédits portés au budget pour l'imprévu doivent être préalablement autorisés. (Décr. du 31 mai 1862, art. 495 et 547; voir n° 98.)

183. — La commission peut se dispenser de demander l'autorisation préalable, mais non de passer le marché, lorsqu'il s'agit d'une dépense quelconque à prélever sur des crédits ouverts, laquelle varie, savoir :

Pour les hospices, entre 300 et 3,000 fr. pour une année (loi du 7 août 1851, art. 8);

Pour le bureau de bienfaisance : entre 300 et 2,000 fr., sans conditions de durée. (Ordonn. du 31 oct. 1821, art. 16.)

184. — Toutefois, le marché n'est pas nécessaire s'il s'agit de prélever sur des crédits ouverts une dépense, quelle qu'en soit l'importance, pour des travaux d'entretien et de fournitures déjà adjugés.

Une délibération d'ordre, sur le vu d'un devis, suffit dans le premier cas. Elle est inutile dans le second cas, les fournitures ayant été prévues à l'état des consommations présumées.

185. — Au-delà des sommes de 2 à 3,000 fr., ainsi que de la condition de durée ci-dessus, la dépense projetée qui ne se rattacherait pas à une entreprise régulière, devrait faire rigoureusement l'objet d'une adjudication publique, sauf les exceptions ci-après où, l'autorisation étant obtenue, les marchés peuvent être substitués auxdites adjudications.

Dans la dernière hypothèse qui précède, les conditions fixées pour les opérations sont modifiables, s'il y a lieu, par le préfet, sur l'avis du conseil municipal. (Ordonn. du 31 oct. 1821, art. 12 et 15; loi du 7 août 1851, art. 8 et 9.)

Circonstances qui motivent le marché. 186. — Il peut être passé des marchés sous réserve de l'approbation, à quelque somme que s'élèvent les travaux et fournitures, dans les cas ci-après :

1° Pour les objets dont la fabrication est exclusivement attribuée à des porteurs de brevets d'invention ou d'importation ;

2° Pour les objets qui n'auraient qu'un possesseur unique ;

3° Pour les ouvrages et les objets d'art et de précision dont l'exécution ne peut être confiée qu'à des artistes éprouvés ;

4° Pour les exportations, fabrications et fournitures qui ne seraient faites qu'à titre d'essai ;

5° Pour les matières et denrées qui, à raison de leur nature particulière et de la spécialité de l'emploi auquel elles sont destinées, doivent être achetées et choisies aux lieux de production et livrées, sans intermédiaire, par les producteurs eux-mêmes ;

6° Pour les fournitures ou travaux qui n'auraient été l'objet d'aucune offre aux adjudications, et à l'égard desquels il n'aurait été proposé que des prix inacceptables; toutefois, l'administration ne devra pas dépasser le maximum arrêté par elle;

7° Pour les fournitures et travaux qui, dans le cas d'urgence absolue et dûment constatée, amené par des circonstances imprévues, ne pourraient pas subir les délais des adjudications. (Ordonn. du 14 nov. 1837, art. 2.)

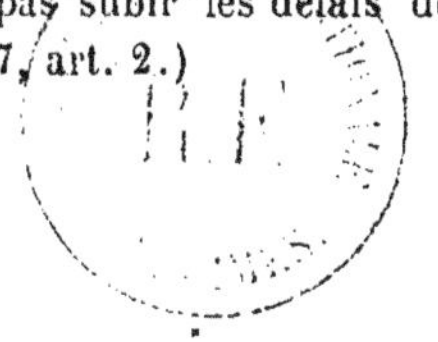

www.ingramcontent.com/pod-product-compliance
Ingram Content Group UK Ltd.
Pitfield, Milton Keynes, MK11 3LW, UK
UKHW031839170726
13836UKWH00004B/1783